십자가 정신에 대한 아시아인의 묵상

손잡이 없는

십자가

고수케 고야마 지음 / 이선이 옮김

브엘북스

손잡이 없는 십자가

십자가 정신에 대한 아시아인의 묵상

발행 · 2020년 2월 25일

지은이 · 고수케 고야마
번역 · 이선이
발행인 · 소재열

펴낸곳 · 브엘북스
출판등록 · 제2015-000258호(2015. 12. 31)
경기도 고양시 덕양구 마상로 126번길 99

편집국
경기도 김포시 태장로 780 (베네치아의 아침 오피스텔 1208호)
(031) 984-9134, 010-3348-1636
ISBN 979-11-90336-01-7   정가 14,000원

'브엘북스'(Beerbooks)
'브엘'(Beer)은 특허청으로부터 상표(서적출판, 출판업, 잡지, 정기간행물, 종교교육업)로 등록된 브랜드로써 성경에 근거한 개혁신학과 청교도적인 신앙을 위한 출판사입니다. '브엘'은 '우물'을 의미하며(민 21:16), "우물아 솟아나라 너희는 그것을 노래하라"(민21:17)는 말씀에 따라 "우물에서 솟아난 생명의 샘물"(요4:13-14)을 전하여 기독교 문화사역을 위해 노력합니다.

서문

한국교회는 선교 초기부터 서구 선교사와 서구신학에 많은 영향을 받아왔다. 신학교에서도 주로 아시아 신학과 아시아 신학자를 거론하기보다는 서구신학 일변도로 일관하고 있다. 그러나 이제 기독교는 서구 중심주의에서 벗어나 온 세계로 지형도가 바뀌고 있으며, 아시아와 아프리카의 각 나라와 민족들이 자신의 목소리로 하나님을 고백하고 찬양하는 물결이 일고 있다.

한국 기독교는 이러한 변화에 직면하며 역사와 문화 속에 녹여진 한국적 신학을 논할 시점에 이르렀다. 고수케 고야마는 일본인으로 태어나 태국 선교사로서 사역하면서 아시아의 시각에서 아시아의 문화와 역사를 따뜻하게 바라보고자 하였다. 그의 작업은 기독교를 태국에 토착시키는 신학적 작업에 노력을 기울인 것으로 나타났다. 이러한 그의 시도는 서구 중심적 신학 세계에 머물러 있는 한국교회에 시사점을 준다고 여겨진다.

고야마의 저서 "손잡이 없는 십자가"는 아시아인의 기독교적 사유를 흥미롭게 강연한 내용으로 예수 그리스도의 십자가 사건에 대한 진지한 성찰을 보여준다. 이 책에서 그가 전개한 아시아인의 신학적 고뇌는 아시아의 다종교 상황에서 타종교를 대하는 기독교인의 배려, 아시아의 다문화 상황에서 속에서 타문화를 대하는 겸손의 자세를 보여준다. 그리고 무엇보다 기독교의 핵심 정신, 즉 십자가의 정신에 충실히

하고자 하는 믿음의 진실성이 돋보인다.

신학을 아시아 신학으로 상황화 하려고 할 때, 걸림돌 중의 하나는 로마-그리스적 문화 속에 담긴 서구신학을 절대화하여 아시아의 상황을 간과하는 것이다. 아시아인의 신학적 작업은 탈식민화 작업과 아시아 교회의 정체성을 확립하는 것이다. 아시아 신학자 중의 한 사람인 고야마의 글을 통하여 십자가를 바라보는 그의 통찰을 살펴보고 한국 기독교인이 무비판적 서구신학 수용과 배타적 민족주의를 넘어 십자가 정신의 선교신학 본질에 다가가는 계기가 되기를 바란다.

이 선 이

서 문

이 책은 내가 1975년 캘리포니아에 있는 퍼시픽학교(Pacific School of Religion)에서 특강을 한 후에 나온 결과물이다.

나는 일본 그리스도연합교회(United Church of Christ) 소속 선교사로서 1960년부터 1968년까지 치앙마이(Chieng Mai)의 태국 신학교 (Thailand Theological Seminary)에서 가르쳤다. 태국에서의 신학적 경험은 나에게 아시아인의 종교 문화적 유산에 대한 사랑과 존경을 다시 갖도록 열정을 불러일으켰다. 나는 1968년과 1974년 사이에 동남아시아신학교협회(Association of Theological Schools in South East Asia)와 동남아시아신학대학원(South East Asia Graduate School of Theology)과 관련된 동남아시아 곳곳의 신학 동료들과 폭넓게 연구하는 기회를 얻었다. 여기서 얻은 사상은 동남아시아에서 나의 사역 초기부터 현재까지 이어지고 있다.

나는 십자군 정신('십자군 옹호'와 '십자군 반대'에 관한 많은 경우 언급하면서, '십자군'이라는 용어를 광범위한 의미로 사용한다)이 십자가 정신에 인도된다면 그것이 기독교 정신이라고 믿는다. 십자군 정신이 아닌 십자가 정신이야말로 '부활 정신'이 될 것이다. '예수 그리스도가 십자가에 못 박히시고 다시 살아나사…' 이러한 인식 이면의 이미지인 '손잡이 없는 십자가'가 내 심중에 있다.

목 차

1. 십자가와 도시락

예수 그리스도는 사업가가 가방을 드는 것같이 십자가를 들지 않는다.

예수님께서 그의 제자들에게 '누구든지 나를 따라오려거든 자기를 부인하고 자기 십자가를 지고 나를 따를 것이니라' (마16:24)라고 말씀하셨다. 우리가 예수님을 따르기로 결단한다면, 그는 우리에게 자기 부인을 요구한다. 한 치의 망설임 없이 표현되는 자기 부인의 이미지는 십자가이다. 자기 부인은 사회적으로 통용되는 상징을 통해 그 본래의 의미가 표현되어야만 한다. 과연 모든 것을 짊어진다는 것은 무엇인가!

우리가 예수님을 따르려면 무겁고, 추하고, 의기소침해지는 것을 지고 가야 하는가! 그것은 속도를 늦추는 것이 아닌가? 그것은 우리 내면을 피해망상에 사로잡히게 하는 것이 아닌가? 그것은 우리를 너무나 심각하게 만들고, 불안하게 하고, 예민하게 하고, 감정적으로 정상적인 일과를 못 하게 하는 것이 아닌가? 십자가를 지는 사람의 이미지와 그의 십자가를 추구하여 따라가는 사람을 그려보라! 어떤 행렬인가! 어떤 광경인가! '내가 생각하건대 하나님이 사도인 우리를 죽이기로 작정된 자 같이 끄트머리에 두셨으매 우리는 세계 곧 천사와 사람에게 구경거리가 되었노라' (고전4:9). 그를 따르는데, 왜 십자가를 지는 것이 요구되는가? 그를 따르는데, 왜 외형적 표지와 내면의 정신이 십자가가 되어야 하는가? 왜 도시락처럼 드는 것은 안 되는가?

삶은 달걀(맵게 양념 된 달걀 선호), 얇게 썬 스위스 치즈, 뉴질랜드

산 양고기 한 조각, 양상추와 보온병 속의 뜨거운 커피가 있는 영양이 풍부한 도시락은 왜 안 되는가? 예수 그리스도를 위하여 '잘 조리된 고열량 샐러드'가 있고, 세계적이며 기술적으로 세심하게 잘 포장된 도시락'은 어떠한가? 그것은 손으로 들 수 있는 깔끔한 손잡이로 된 보기 좋은 모양의 곽이다. 그것은 무겁지도 않다. 그렇게 보기 좋고 영양가 있는 도시락을 드는 것은 심리적, 물리적으로 얼마나 신나는 일인가! 우리 손에 들린 도시락의 기분 좋은 중량감을 느낄 때, 여러분은 얼마나 단지 위만 아니라 영혼이 평화로운 안도감을 느끼는지 아는가? 음식은 누구에게든지 필요하다. 음식 역시 '그를 따르는' 일에도 필수적이다. 어떻게 빈 배를 가지고 예수님을 따를 수 있겠는가? 일본인 속담에 '빈 배를 가지고 싸우지 말라'고 하지 않은가?

우리는 손안에 영양가 있는 꽉 찬 도시락을 가지고, '승리에서 승리로' 휘파람을 부르며 가벼운 발걸음으로 예수님을 따라갈 수 있다. 도시락은 풍부한 지략, 영적이며 정신적인 에너지, 강력한 실체적 신학, 선한 정직한 사고, 철저한(국제적이고 기술적인) 계획, 믿음의 거룩한 헌신을 상징한다. 왜 '…사람에게 스스로 준비하여 도시락을 들고 나를 따르라…'라고 하지 않는가? 우리는 도시락으로 활력 있고 풍족하게 될 수 있고 될 것이다. 필요하다면, 심지어 '그를 따르라'는 것 대신에 예수님 앞서서 걸을 수 있다.

십자가와 도시락 사이에는 차이가 있다. 즉, (손잡이가 없어) 들기 굉장히 불편한 것과 (손잡이가 있어) 들기 굉장히 편한 것, 들기에 추한 점과 들기에 매력적인 점, 느린 움직임과 빠른 움직임, 비효율성과 효율성, 불안정성과 안전성, 무거움과 가벼움, 고통과 영광, 자기 부인과 자기 확신이다. 십자가는 손잡이가 없다. 도시락 가방은 손잡이가 있다.

여러분을 이러한 이미지의 묵상으로 초대해도 되는가? '손잡이'는 효율적인 통제의 도구에 대한 상징이다. 우리는 강력한 엔진을 가진 자동차를 움직일 수 있는 것은 (강철 바퀴)의 핸들을 통하여 통제할 수 있기 때문이다. 우리가 문을 작동시킬 때 손잡이로 효율적으로 통제할 수 있다. 우리가 모든 종류의 전기 기구를 통제하는 것은 바로 스위치이다. 매우 기술적으로 고안된 제품들은 우리에게 '엔진'(힘)과 '핸들'(통제)을 주었다. 통제할 수 없는 힘은 기술적인 것이 아니다. 기술은 통제된 힘이다. 그런 의미에서 그것은 위험하지 않다.

반면에 신학은 위험한 조짐이 있다. 만약 사람이 하나님을 '통제'하려는 강력한 유혹에 굴복한다면 그 신호를 알리는 스위치가 켜져야 할 것이다. 솔로몬 왕의 '하늘과 하늘들의 하늘이라도 주를 용납지 못하겠거든'(대하6:18)에 나타난 기도는 바른 신학적 인식을 나타낸다. 기술과 신학의 기본적 차이는 기술은 우리에게 '엔진'과 '핸들'을 주지만, 신학은 '핸들' 없는 엔진을 가지고 있다. 하나님의 능력을 조종하려는 신학은 더는 신학이 아니라 사단적인 신학적 이데올로기이다. 신학이 하나님의 구원 능력을 '핸들' 하려는 것을 거절해야 한다. 그것에 대해 말하려고 노력해야 한다. 그것에 대한 '기도의 송가'를 부르기 시도한다. 그것에 대해 묵상한다. 그러나 우리가 차나 세탁기를 작동하듯이 신학을 '핸들' 하지 않는다. 신학은 또한 사람들을 '핸들' 하지 말아야 한다.

기계적인 정신은 한마디로 '조종하려는 정신'이며, 반면에 신학적인 정신은 '조종하지 않는 정신'이다. 과학 기술은 물리적인 힘을 통제하는 것을 목적으로 한다. 신학은 하나님의 능력을 통제하는 것을 목적으로 하지 않는다. 그러므로 신학은 '과학 기술적으로 조종하려는 정신'을 가지고 접근해서는 안 된다. 고대 베다 시대의 인도에서 공동체 가운데 제사장 계급인 브라만이 지배권을 갖게 된 이유 중의 하나는 신들에게 간청하고 통제하는 구체적인 희생 제의에 어떻게 역할을 하는 가에 대해 그들만이 아는 권리가 있었다. 여기에 과학 기술적으로 조종하려는 정신의 낌새가 있다. 나는 다음의 기도문에서 이러한 측면에 주목한다. '하나님이여 나는 다른 사람들 곧, 토색, 불의, 간음을 하는 자들과 같지 아니하고 이 세리와도 같지 않음을 감사하나이다. 나는 이레에 두 번 금식하고 또 소득의 십일조를 드리나이다' (눅18:11,12)

'손잡이 없는' 십자가의 무게 아래서 훈련된 그 정신은 십자가 정신으로 불린다. '필요한 지략', '손잡이 있는' 것으로 훈련된 그 정신은 십자군 정신이라 불린다. 바리새인의 기도는 세리의 기도와 대조된다. '하나님이여 불쌍히 여기소서. 나는 죄인이로소이다.' 나는 십자군 정신의 부인을 의도하지 않는다. 도시락을 드는 십자군 정신은 믿음의 공동체에서 조심스럽게 그리고 세심하게 다루어져야 한다. 나는 선교에 하나님께서 주시는 역할이 있다고 믿는다. 그러나 나는 십자군 정신이 그 자체로 작용하지 말아야 한다고 주장한다. 십자가 정신에 의해 인도되고 조명되어야 한다.

바리새인 삶의 방식은 칭찬받을만하다. 바리새인의 종교적 헌신과 영적 재능은 굉장한 가치가 있다. '너희 의가 서기관과 바리새인보다 더 낫지 못하면 천국에 들어가지 못하리라' (마5:20) 그의 신학적인 도시락은 양질의 단백질로 된 음식으로 가득 차 있다. 이 유명한 비유의 말미에 충격적인 결론을 내린다. '내가 너희에게 이르노니 이 사람(세리)이 저(바리새인)보다 의롭다 하심을 받고 집에 내려갔느니라.'

어떻게 이러한 크고 무겁고 의기소침
해지는 것을 짊어지는가?

예수님께서 사업가가 손가방을 드는
것처럼 십자가를 드시는가?

'손잡이가 달린' 깔끔하게 잘 포장된 도시
락을 들기 얼마나 쉽고 신나는 일인가?

이것은 바리새인이 보여주는 헌신적 종교적이며 영적인 재능이 하
나님과 그의 친한 사람들과 의로운 관계를 형성할 수 없다는 것을 의미
하지 않는가? 바리새인의 헌신은 왜 잘못되었는가? 왜 오늘날 세계는
인간의 모든 영역에 망가진 비극이 난무하는가? 왜 신약성경은 의와 인
간지략 사이의 빠르고 확신 있게 연결 짓지 않는가?

십자가 정신은 '십자가에 못 박히고 부활되기' 위하여 십자가에 못
박힌 정신의 조명하에 두어야만 한다. 나는 예수님께서 '…자기 확신을
하고 도시락을 들고 나를 따르라' 라고 말하지 않았는지 그 이유를 이해
한다. 인간적 자원(알찬 도시락)은 진정한 재료가 되기 위하여 신학적으

로 평가되고 상황화되어야 한다. 인간적 지원은 반드시 십자가에 못 박혀야 한다. 그것이 부활했을 때 '신학적으로 세례받은 인간 자원'이 될 것이다. 아시아 교회역사는 오늘날 우리에게 종종 선교사들의 풍성한 자원이 하나님의 선교에 현지인 참여의 부족을 일으켰다고 말하고 있다. 재능이 많은 사람은 다른 사람으로부터 도움을 구하지 않는다. 그들은 정확히 무엇을 해야 할지 안다. 그들은 '더 좋은 아이디어'를 가지고 있다. 그들은 '더 좋은 전략'을 가지고 있다. '하나님 감사합니다. 나는 재능이 없는 다른 사람들과 같지 아니하고….' 육 대륙에서의 선교협력의 관점 안에서 우리는 십자가에 못 박힌 풍부한 자원의 신학을 기반으로 에큐메니칼 묵상이 간절히 필요하다.

나는 십자가에 못 박힌 풍부한 자원에 대하여 몇 마디 하고자 한다. 여러분은 기독교 선교에서 '모라토리엄(moratorium) 논쟁'을 들어본 적이 있는가? 그것은 오늘날 아시아, 아프리카, 라틴아메리카 교회에서 직면하는 가장 논쟁적인 선교문제 중의 하나이다. 모라토리엄이란 다음과 같다.

현재 행해지는 인적자원과 재정 지원의 중단, 평가 가능한 '합리적인 기간'에서의 어떤 새로운 지원의 지연, 이 시대와 이 세상에서 하나님 선교와 자기 정체성을 위한 교회의 추구에 부응하는 인적자원과 재정의 선용을 위한 가능한 개정이다. 이 목적의 배후에 과거 패턴인 지배와 의존, 세속적인 것과 교회적인 것의 확신이 자리 잡고 있어, '보내심'과 '부르심' 받은 교회 간에 하나님의 선교에 대한 응답을 강화하기보다는 억제하는 것이다….[1]

나는 모라토리엄의 필요성을 확신한다. 나는 전통적인 선교 구조 안에서 토착교회들의 책임성 측면에서 치명적인 결과를 보아왔다. 참으로 이 문제는 복잡하다. 우리의 진정성과 헌신에도 불구하고, 보내심과 부르심을 받은 교회들이 비극적 조화로 인해 영적으로 유기적으로 고통당한다는 사실이다. 모라토리엄 제안은 현 선교 구조가 병들었음을 나타낸다. 아시아에 있는 교회들은 그들 자신의 '가족적인 시간'을 갖지 못했다. 어떤 가족이라도 자신들의 판단과 자원으로, 그들이 어디에 있는지 누가 그들 자신의 선교와 관련이 있는지 명확하게 볼 수 있는, 그들 자신의 가족적인 일을 위하여 적어도 한 번 (수백 년에 한 번)의 자기들끼리의 시간이 필요하지 않은가? 혹은 가족이 다른 가족의 '사랑과 돌봄'으로 계속 초대되고 보호되어야만 하는가?

태국의 그리스도 교회는 한 가족이다. 그들의 기독교 역사가 150년이 넘었다. 그들은 자신의 '보리 떡 다섯 개와 물고기 두 마리'를 기초로 기독교인의 책임감을 느끼고 일하는 시간이 필요하지 않은가? 모라토리엄은 서구교회의 '지속적인 사랑과 돌봄'으로부터 일시적으로 해방되어 아시아에 속한 교회들 일부가 되고자 하는 소원을 표현한다. 부활하신 주님은 '가서 영원히 거주하라…' (마28:19)라고 말하지 않았다.

서구와 아시아에 있는 풍부한 자원은 철저한 신학적 연구를 통해 받아들여져야만 한다. 부활되기 위해서는 십자가에 못 박혀야 한다. 칼루 (Ogbu U. Kalu)는 아프리카에서 '영국성공회(ecclesia anglicana)의 교회개척이 모순투성이라고 기술했다. 아프리카 토양에서 하나님의 나라를 의미하는 것과 그러한 낯선 제도와 그 외의 것들이 그리스도의 성육신과 사역에 풍부한 삶을 깨닫게 하는 방법이 없는 것이 명확하다. 그것이 새로 세워지기 위하여 파괴되어야만 한다'[2]고 썼다. 우리의 선교 비전과 구조는 부활되기 위하여 십자가에 못 박혀야 한다.

예수 그리스도의 이미지로 다시 돌아가 보자. 무겁고 손잡이 없는 십자가의 무게 아래 있는 예수님의 이미지는 신학적 조명 안에서 일상의 아시아 상황 가운데 발견되는 함축된 선교적 이미지이다. 홍콩에 있는 미국인 사업가들이 가방을 드는 같은 방식으로 예수님께서 십자가를 드는 이미지는 신학적으로 빈약하고 선교학적으로 혐오스럽다. 우리는 예수님의 수염을 깎을 수 있다. 우리는 예수님께 넥타이를 맬 수 있다. 우리는 그의 눈에 안경을 씌우고 그의 손에 소니 트랜지스터라디오를 놓을 수 있다. 우리는 심지어 그의 손에 여러 빛깔의 디너 카드를 놓을 수 있다(?!).

그러나 만약 여러분이 그가 사업가가 가방을 드는 것처럼 그의 십자가를 든다면, 기독교인의 믿음은 그 기초를 잃어버린다. 신학은 마비된다. 기독교 윤리는 그 내적 영감을 잃어버린다. 사람이 손가방을 드는 것같이 예수님께서 그의 십자가를 들게 되는 경우 기독교인의 믿음에 치명적인 심장마비를 가져온다—궁극적으로 이것은 사람이 손가방을 드는 것같이 하나님이 세상을 짊어진다는 점이다. 구체적이며 매력적이고 효과적이며 풍부한 지략이 있더라도 그러한 예수님의 신학은 성경적 전통 안에서 주어진 구원 메시지와 구원 방식에 진리일 수 없다. 성경에 십자가는 '손잡이'가 없다. 예수님께서 감당하기 어려운 무게의 십자가를 그의 어깨에 짊어지는 이미지는 오늘날 아시아에 긴급히 필요로 하는 기독교 진리의 이해와 설명에 가장 좋은 이미지라는 것을 강조하고자 한다 —그는 어떻게 짊어져야 하는지 알지 못했으나 그는 '손잡이 없이' 짊어지셨다.

호세아 11장에서 보여주는 하나님 마음의 심오한 감동적 계시는 잘 알려진 말씀이다: '내가 사람의 줄 곧 사랑의 줄로 그들을 이끌었고 그들에게 대하여 그 목에서 멍에를 벗기는 자 같이 되었으며 그들 앞에 먹을 것을 두었노라'(4절) 언어적인 모호성에도 불구하고, 그 이미지의 영은 하나님이 '그들 앞에 (굽혀) 먹을 것을 두었노라'(기술적으로 말하면, 달갑지 않은 자세)라는 '사람의 줄 곧 사랑의 줄'이다. 하나님은 '핸들 정신'을 가지고 사람에게 다가오지 않는다. 나는 도시락 이미지를 일차적인 이미지에 예속시킨다. 십자가는 하나님의 마음에 더 가깝고, 도시락은 인간의 마음에 가깝다. 예수 그리스도의 정신이 그의 오묘한 섭리 안에서 역사를 이끌어 간다.

2. '하나님의 어리석음과 약함'의 정신

십자가 정신은 십자가에 못 박힌 주님에게서 오는 하나님의
능력에 동요된 정신이다.
예수 그리스도가 몸을 굽히면서 인간의 상황으로 다가온다.
십자가 정신은 나약한 정신이 아니다.

나는 십자가 정신을 말할 때 십자가에 못 박힌 주님을 생각한다. 만약 내가 십자가에 못 박힌 주님과 나의 믿음을 분리하여 십자가 정신을 말한다면, 어떤 신경증적 박해 콤플렉스를 두둔하는 꼴이 될 것이다. '내가 너희 중에서 예수 그리스도와 십자가에 못 박히신 것 외에는 아무것도 알지 아니하기로 작정하였음이라'(고전2:2)고 바울은 선언한다. '사랑받을 만한 가치가 있는 십자가는 우리의 구원, 생명, 부활이다'(안셀름). '"십자가의 복음"은 다양한 의미 있는 방식으로 해석될 수 있다. 그러나 그 중심적 주제는 그리스도가 패배를 받아들이는 것을 통하여 승리한다는 진리 안에서 발견된다'(우찌무라 간조). 십자가에 못 박힌 주님의 능력에 의해 살기로 결단한 정신이 십자가 정신이다. 십자가에 못 박힌 주님의 지혜를 통하여 이해하고자 하는 정신이 십자가의 정신이다. 그 정신은 바로 십자가에 못 박힌 주님의 영성과 사고를 통하여 예수 그리스도에 대해 말하는 것이다.

나는 여러분에게 고린도전서 1장 18~25절을 권하고 싶다. 여기서 십자가에 못 박힌 정신을 뚜렷하게 보여준다.

> 십자가의 도가 멸망하는 자에게는 미련한 것이요 구원을 받는 우리
> 에게는 하나님의 능력이라

십자가의 메시지가 우리의 영성과 성신을 흔든다. 동요된 사람들만이 하나님의 능력을 느낀다. 이렇게 동요된 정신이 십자가에 못 박힌 정신이다. 그러므로 십자가는 무엇보다도 지혜, 철학적 또는 종교적 사고가 아니다. 동요된 정신은 십자가에 못 박힌 주로부터 하나님의 능력을 몸소 느낀다.

> 기록된바 내가 지혜 있는 자들의 지혜를 멸하고 총명한 자들이 총명
> 을 폐하리라 하였으니 지혜 있는 자가 어디 있느냐 선비가 어디 있
> 느냐 이 세대에 변론가가 어디 있느냐 하나님께서 이 세상의 지혜를
> 미련하게 하신 것이 아니냐

얼마나 강한 어조인가? 하나님께서 인간 역사를 개의하지 않고 모든 지혜를 폐할 것인가? 붓다, 깨달은 자의 지혜가 폐하여질 것이라는 의미인가? 공자와 맹자의 지혜가 폐하여질 것이라는 의미인가? 또는 십자가의 지혜를 거부하는 지혜는 폐하여질 것이라는 의미인가? 영웅담이 십자가의 지혜와 대치된다는 것인가? 언제 사람이 십자가에 못 박힌 주님을 거부하는가? 예수 그리스도가 장난감 가게에 있는 보잘것없이 만들어진 아이들의 장난감처럼 쉽게 거부되는가? 십자가에 못 박힌 정신은, 철저히 배척된 예수 그리스도가 그렇게 쉽게 인간에 의해 거부될 수 없다고 믿는다!

하나님의 지혜에 있어서는 이 세상이 자기 지혜로 하나님을 알지 못

함으로 하나님께서 전도의 미련한 것으로 믿는 자들을 구원하시기를 기뻐하셨도다

믿는다는 것은 이해하는 것 그 이상이다. 믿음은 확신 그 이상이다. '내가 믿나이다 나의 믿음 없는 것을 도우소서'(막9:24) 십자가에 못 박힌 주를 믿는 것은 그가 승리자이고 그 안에 삶의 의미와 희망이 있다는 것을 말하는 것이며, 십자가에 못 박힌 정신의 울림이다. 십자가에 못 박힌 정신은 강력한 영성을 포함한다. 십자가에 못 박힌 주님에 너무 집중하여 심각한 오해를 일으키기도 한다: '우리는 속이는 자 같으나 참되고 무명한 것 같으나 유명한 자요 죽은 자 같으나 보라 우리가 살아있고 징계를 받는 자 같으나 죽임을 당하지 아니하고 근심하는 자 같으나 항상 기뻐하고 가난한 자 같으나 많은 사람을 부요하게 하고 아무것도 없는 자 같으나 모든 것을 가진 자로다'(고후6:8-10)

이것은 십자가에 못 박힌 정신을 따르는 자들이 사는 방식이다. 그것은 심각한 오해의 소지를 가지고 사는 것이다. 사도적 정신이 진실한 정신이고 속이는 정신이 아니라고 증명할 방법은 없다. 십자가에 못 박힌 정신은 사도적 정신으로부터 영감을 받는다. 십자가에 못 박힌 주를 믿는 것과 진실하게 십자가에 못 박는 '증거'로 능력(고전4:20)을 드러내고자 한다.

유대인은 표적을 구하고 헬라인은 지혜를 찾으나 우리는 십자가에 못 박힌 그리스도를 전하니 유대인에게는 거리끼는 것이요 이방인에게는 미련한 것이로되 오직 부르심을 받은 자들에게는 유대인이나 헬라인이나 그리스도는 하나님의 능력이요 하나님의 지혜니라 하나님의 어리석음이 사람보다 지혜롭고 하나님의 약하심이 사람보

다 강하니라

십자가 정신은 표적을 구하는 정신이 아니다. 그것은 세속적인 지혜를 구하는 정신이 아니다. '표적'과 '지혜' 둘 다 인간의 영적 경험 안에서 실제적 역사가 있다. 그러나 사도적 설교 안의 예수 그리스도는 인간에게 주어진 표적과 지혜이다. 증거인 표적과 철학적 지혜는 교회가 기초로 하는 예수 그리스도의 임재에 의해 흐려진다. 십자가에 못 박힌 주님은 표적 신학과 철학 신학을 심판한다. 그는 그것들을 값싸지 않은 십자가에 못 박히신 것처럼 값비싼 방식으로 심판한다.

만약 그가 십자가에 못 박히신 그대로 있다면, 십자가에 못 박히신 주는 '유대인에게는 거리끼는 것이요 이방인에게는 미련한 것'으로 남아 있을 것이다. 십자가에 못 박히신 주님은 인간보다 더 지혜로운 '하나님의 어리석음'(!)과 인간보다 강한 '하나님의 약함'(!)을 나타낸다. 막대하게 값비싼 어리석음이다! 굉장히 유보적인 약함이다! '하나님의 어리석음과 약함'을 인정하면서 이것을 항상 알고 이해하며, 인도받고 훈련하고자 하는 것은 십자가에 못 박힌 정신의 비밀스러운 기쁨과 능력이다. 십자가 정신은 '하나님의 어리석음과 약함'에 감동된 마음이다.

요한복음(7:53~8:11, 다른 고대 저자들은 복음서 또는 눅21:38 이후에 이 이야기를 첨가했다)에 흥미를 끄는 이야기가 있다.

다 각각 집으로 돌아가고 예수는 감람산으로 가시니라 아침에 다시 성전으로 들어오시니 백성이 다 나아오는지라 앉으사 그들을 가르치시더니 서기관들과 바리새인들이 음행 중에 잡힌 여자를 끌고 와서 가운데 세우고 예수께 말하되 선생이여 이 여자가 간음하다가 현장에서 잡혔나이다 모세는 율법에 이러한 여자를 돌로 치라 명하였거니와 선생은 어떻게 말하겠나이까 그들이 이렇게 말함은 고발할 조건을 얻고자 하여 예수를 시험함이러라 예수께서 몸을 굽히사 손가락으로 땅에 쓰시니 그들이 묻기를 마지아니하는지라 이에 일어나 이르시되 너희 중에 죄 없는 자가 먼저 돌로 치라 하시고 다시 몸을 굽혀 손가락으로 땅에 쓰시니 그들이 이 말씀을 듣고 양심에 가책을 느껴 어른으로 시작하여 젊은이까지 하나씩 하나씩 나가고 오직 예수와 그 가운데 섰는 여자만 남았더라 예수께서 일어나사 여자 외에 아무도 없는 것을 보시고 이르시되 여자여 너를 고발하던 그들이 어디 있느냐 너를 정죄한 자가 없느냐 대답하되 주여 없나이다 예수께서 이르시되 나도 너를 정죄하지 아니하노니 가서 다시는 죄를 범하지말라 하시니라

이것은 또 다른 '허리를 굽히는' 이야기이다. 이 이야기는 서기관과 바리새인의 율법주의를 비판하는 그 이상이다. 예수님은 모세를 거부하지 않았다. 그는 모세를 넘어섰다. 이스라엘의 고대 영적 유산의 심오한 의도가 모독 되는 것이 아니라 진실로 깨달아지는 것이었다. 이러한 율법을 넘어서는 행동으로 예수님의 위치는 확실하고 절대적이었다; 부가된 난해한 논의의 표적이 없다. 그는 모세의 율법을 완성하는 한 치의 오차 없는 서두에 있었다. 참으로 모세는 옳다! 그의 율법을 따르자. 그러나 십자군 정신(풍부한 지략과 효율적 신학의 정신)을 따르지 말고 십자가 정신을 따르자('나는 믿나이다 나의 믿음 없음을 도우소서!', 막 9:24).

마치 예수님은 온 창조된 세상, 이 땅에 이러한 사건을 목격하기 위하여 부름을 받은 것처럼, '예수님은 몸을 굽혀 땅에다 손가락으로 쓰

니…', '…사단을 쫓아내는 하나님의 손가락에 의해…' (눅11:20) 그가 '몸을 굽히는' (어리석음과 약함의 모습 !) 동안, 그는 모세와 이스라엘의 영적 전통에 더욱 깊은 통찰을 준비하였다.

예수님은 서기관과 바리새인을 정죄하지 않았다. 그는 그들의 신학적 의도의 방향을 지지하였다. 그러나 그의 심오함은 완전히 새로운 신학적 상황을 낳았기 때문에, 예수님은 '사탄이 하늘로부터 번개같이 떨어지는 것' (눅10:18)을 보았노라고 말했다. 예수님은 어그러진 인간의 상황 속에서 하나님의 원래 의도를 나타내었다. 그는 간음의 상황을 꿰뚫어 봄으로 그렇게 한 것이었다! '너희 중에 죄 없는 자가 그녀를 돌로 쳐라…'

'예수께서 일어나사 여자에게 물었다…' 예수님은 '몸을 굽혔던' 자세 즉, 낮은 자세에서 그녀에게 물었다. '여자여 그들이 어디에 있느냐…?' 그녀는 '주여 없나이다' 라고 말했다. 예수님은 대답을 들었다. 예수님은 그녀가 아닌, 그로 인해 생긴 새로운 상황에 대한 말을 들었다. 그녀는 자신이 보았고 일어났던 것을 예수님께 간단히 전했다. 그녀가 목도(!)한 상황에 대하여 예수님은 간단히 말씀하셨다. '나도 너를 정죄하지 아니하노니 가서 다시는 죄를 범하지 말라' 그는 모든 '중요한 신학적 질문들' 을 간과했다! 왜 그는 '나도 너를 정죄하지 아니하노니' 라고 했는가? 그는 이렇게 하는 어떤 이유도 말하지 않았다.

그는 상황을 깊이 통찰하였고 자유를 선포하였다. '나도 너를 정죄하지 아니하노니' 는 '몸을 굽히는 신학' 으로부터 파생된 것이다. 예수님의 심오한 말씀은 여인 안에서 '부활 정신' 을 끌어냈다. 그 여인은 '부활' 되었다. 서기관과 바리새인의 지략 있는 십자군 정신은 십자가에 못 박힘을 경험했다. 통찰을 통하여 예수님은 험악한 상황을 치유했다.

'몸을 굽힌' 이 사람이 가지고 있는 영적 능력은 무엇인가! 실천이지 '조종'에 의한 것이 아니다! '하나님의 어리석음은 인간의 지혜보다 낫고, 하나님의 약함은 인간의 강함보다 낫다.'

십자가 정신은 약한 정신이 아니다. 그것은 박해 콤플렉스로 인한 고통이 아니다. 그것은 망가진 정신이 아니다. 그것은 하나님 이름으로 행해지는 사업 거래가 아니다. 그것은 온정주의적인 정신이 아니다. 그것은 신학적으로 영감 받은 정신이다. 그것은 약하지만 강한 정신이다. 그것은 어리석지만 지혜로운 정신이다. 그것은 '내가 믿나이다, 나의 믿음 없음을 도우소서'라고 고백하는 정신이다! 기본적으로 그것은 '손잡이 없이' 십자가를 지고 '몸을 굽히는' 동안 실천을 준비하는 예수 그리스도의 정신이다.

3. 손잡이가 없다

하나님께서 역사 속으로 들어오신다. 그는 역사를 '조종' 하지 않는다.
예수님의 손은 고통스럽게 펴있지도 오므려있지도 않는다

　　유일하게 지속적인 영적 통찰력으로 인류에게 이바지한 유대(기독
교) 전승 안에 있는 하나님은 모든 것을 창조하고 보존하며 완성하시는
분이지만 나는 그가 역사를 '조종' 하지 않는 것으로 이해한다. 그는 기
쁘신 대로(신학적이고 기술적인 속도로!) 하기 위하여 역사에 '손잡이'
를 두지 않았다. 그는 역사로 들어온다. 그는 '조종하려는 마음' 으로 역
사를 운행하지 않는다. 이상한 표현일지 모르나, 그는 역사를 매우 존중
하며 운행한다. 그가 오실 때 역사는 심연의 '기초의 흔들림' 을 경험하
는데, 왜냐하면 역사가 그렇게 심오하고 조심스럽게 다시 시작되고 존
중되었던 적이 없기 때문이다.

　　역사에 대해 하나님의 존중하는 접근 방식 때문에 역사가 그렇게 심
오하게 간파되고 알려진 적이 없었다. '참 빛 곧 세상에 와서 각 사람에
게 비추는 빛이 있었나니 그가 세상에 계셨으며 세상은 그로 말미암아
지은 바 되었으되 세상을 그를 알지 못하였고' (요1:9,10) '세상이 그를
알지 못하였고' ! 왜? 그것은 하나님께서 역사 속으로 들어왔으나 역사
를 조종하지 않았다. 유대(기독교) 전승의 최대 장점은 이러한 신학적
통찰력을 불러일으키는 역사적 영적 힘이 있다는 것이다.

　　나는 역사에 대해 하나님의 '존중' 방식, 즉 '손잡이 없음' 에 대해

두 가지 이미지로 말하고자 한다. 첫째는 '너는 어디 있느냐?' 말씀하시는 하나님, 둘째는 예수님의 손 이미지이다.

(1) 하나님이 이르시되 '네가 어디 있느냐?' (창3:9)

신학적이고 목회적 관점에 의하면, 세 어절로 된 간결한 질문은 인류의 역사, 즉 이스라엘과 교회로 요약된다. 이것은 너무나 단순 강조어법인데, 그것은 역사를 향한 하나님의 방식, 방법, 태도를 가리킨다. '네가 어디 있느냐?'는 '손잡이 없음'에 대한 질문이지 '지혜로운' 질문도 아니고 '강한' 질문도 아니다. 그러므로 그것은 모든 지혜로운 질문들보다 '더 지혜롭고' 모든 강한 질문들보다 '더 강한' 것이다. 이 '약하고', '어리석은' 질문은 올림포스산이나 후지산의 정상에서 온 것이 아니라 십자가의 위에서부터의 역사를 요약한다. '…내가 땅에서 들리면 모든 사람을 내게로 이끌겠노라'(요12:32) 하나님의 '네가 어디 있느냐?'고 인간에게 한 질문은 역사 안에서 생명의 의미에 다가가는 미래를 향한 신학적 통찰이 담겨있다.

창조주(하나님은 사업가가 손가방을 드는 것처럼 인류를 짊어지지 않았다)가 인간에게 '네가 어디 있느냐?'고 했을 때, 그는 인간에게 '그가 어디 있는지'의 질문에서 인간의 '위치'를 한정하기로 했다는 것을 의미한다. 그러므로 '네가 어디 있느냐?'의 질문은 그것을 묻는 분의 계시이다. 하나님께서 세 명의 이름인 아브라함, 이삭, 야곱(출3:15)을 언급하시면서 자신을 소개했을 때, 그는 자신을 나타내었고 동시에 아브라함, 이삭, 야곱의 입장을 동일시하였다. 그가 자신을 드러냈을 때, 그들이 소개되었다! 이것이 구원이다! 사람을 찾고자 하는 정신은 언약 추구와 언약 불변의 정신이다.

하나님의 '네가 어디에 있느냐?'는 어떤 희생이 있더라도 감당해내고자 하는 인간에 대한 그의 헌신의 표현이다. 어떤 희생이 있더라도? 그렇다. 역사를 조종하지 않는 접근 방식은 희생이 있지 않은가? 역사를 조종하지 않는 접근 방식은 비효율적이며 느리고 심지어 짜증 나는 일이 아닌가? 그것은 '약하고', '어리석은' 방식이 아닌가? '핸들 있는 것'과 '지혜로운 것'의 개념이 양립하는 것이 아닌가? '보라 내가 오늘 너를 여러 나라와 여러 왕국 위에 세워 네가 그것들을 뽑고 파괴하며 파멸하고 넘어뜨리며 건설하고 심게 하였느니라 하시니라'(렘1:10) 그러나 그러한 강한 의지를 지닌 하나님께서 '말할 줄 모르는'(6절) 젊은 예레미야를 통하여 세상과 소통하고자 하는 점이 중요하다. 10절은 '조종하려는 정신'의 말씀이 아니다.

나는 여러분이 창세기 12장 전반부를 살펴보기 권한다. 이 장들은 아브라함을 부르기 이전 이야기이다. 내가 언급하는 이 장들은 초기 역사에 하나님의 '손잡이 없음'에 대한 간략한 스케치이다. 원역사의 이야기를 연구할 때 우리는 하나님이 만든 '손잡이 없는 신학'으로 인해 심각한 죄악과 동시에 은혜의 연속성에 주목한다.

최초로 인간이 타락되었다. 즉각적으로 불순종 후에 '두 눈이 열렸다'. 그들은 절대 초기의 순진한 상태가 아니다. 그들은 사물과 그 자신들을 그들의 방식으로 보기 시작했다. 그들은 자신들만의 신학을 가지기 시작했다. 그들은 자신들에게 책임성을 가지게 되었다. 발가벗음으로 상징된 '하나님 그리고 인간 상호 간의 죄 없는 관계'(Oxford Annotated Bible)는 파괴되었다. 그래서 그들은 무화과 잎으로 가렸다. (직물 사업은 신학적인 차원이 있다. 부정적인 관점에서 직물 생산품의

어떠한 도발적인 사용은 같은 신학적 진리를 지적한다) 하나님은 그들에게 다가간다. '네가 어디 있느냐?'

하나님은 무화과나무 잎으로 된 치마 대신 좋은 양질의 '가죽옷' (창3:21)을 입히신다. 최초 부부는 심판되었고(창3:14-19), 그들은 '도움을 받았다' 그리고 '존중되었다.' 하나님은 문명화 (동산 밖의 문명화)의 새로운 상황이 인간에게 무화과나무 잎 치마보다 더 나은 것이 필요하다는 것을 알았다. 하나님은 인간이 새로운 상황에 적응되도록 도왔다. '가죽옷' 은 벌거벗음을 인식하게 된 인간에 대한 하나님의 지속적인 관심의 상징이다. 인간이 예리하게 불안정성을 인식하게 되었을 때, 무화과나무 잎 치마는 하나님의 가죽옷으로 대치되었다.

그다음에 아벨의 살인자 가인이 나타난다. 가증할 범죄 후, 하나님은 가인에게 질문하였다. '네 아우 아벨이 어디 있느냐?' 하나님은 가인이 어디에 있고 아벨이 어디에 있는지 알았다. 그러나 가인은 아벨이 어디 있는지에 대한 책임 있는 대답을 해야만 했다. '그는 어디 있느냐?' 는 위치를 묻는 말 그 이상이다. 그것은 '그가 어떠하냐?' 를 의미한다. 네 형제 아벨은 그의 공동체 삶에서 샬롬 (아카디안 어근 sălâmu – '온전히 다친 것이 없는')을 누리고 있는가? 가인은 '내가 내 아우를 지키는 자니이까?' 라고 말한다.

하나님께서 질문하였기 때문에, 인간은 이웃에 대해 같은 질문에 자문해봐야만 한다. 하나님의 '네가 어디에 있느냐?' 는 인간이 이웃에게 '네가 어디 있느냐?' 하는 연쇄 반응을 일으켜야만 한다. 이 연쇄 반응은 가인으로 인해 급진적으로 단절되었다. 가인은 그의 절망적인 상황을 다 인식하고 있는 하나님께 말했다. '주께서 오늘 이 지면에서 나를 쫓아내시온즉 내가 주의 낯을 뵈옵지 못하리니 내가 땅에서 피하며 유리하는 자가 될지라'(창4:14) 가인은 심각한 불안정에 대한 그의 느낌을 표현한다. 그것은 물리적(땅에서 피하며) 그리고 신학적(내가 주의 낯을 뵈옵지 못하리라) 불안정성이다. 땅과 하나님에 의해 버림받은 가인은 지면에서 가장 보호받지 못하는 사람이 된다(창4:14). '그때 주님은 그에게 "그렇지 않다"고 말했다.'(창4:15) 그렇지 않다!

라멕의 노래가 뒤따라 나온다. 라멕은 므드사엘의 아들, 이랏의 아들, 에녹의 아들, 에녹은 가인의 아들이다. 가인은 도시를 세웠고 그것을 에녹이라고 하였다. 라멕의 아내 아다 (그의 다른 아내의 이름은 씰라)는 가축을 치는 자의 조상이 된 야발을 낳았다. 야발의 형제, 유발은 '수금과 퉁소를 잡는 모든 자의 조상'이 되었다. 씰라의 아들 두발가인은 '구리와 쇠로 여러 가지 기구를 만드는 자'였다. 가인 계통에서 성경 기자(여호와 기자)는 문명화의 기원을 둔다. 이것은 모든 문명화는 가인의 그림자에서 벗어나 있지 않기 때문인가? 여기에 라멕의 노래가 있다.

> 아다와 씰라여 내 목소리를 들으라 라멕의 아내들이여 내 말을 들으라 나의 상처로 말미암아 내가 사람을 죽였고 나의 상함으로 말미암아 소년을 죽였도다 가인을 위하여는 벌이 칠 배일진대 라멕을 위하여는 벌이 칠십칠 배이리로라(창4:23,24)

이것은 라멕씨가 두 아내를 위하여 노래했더라도 러브송이 아니다. 그것은 살인자의 노래이다. 그의 선조인 가인은 적어도 그가 그의 형제 아벨을 죽였을 때 후회가 있었다. 라멕은 진실로 '칠십칠 배'라는 강력한 하나님의 은혜에 대하여 조롱하면서 말한다. 분명히 두 부인은 앉아서 그의 노래를 듣는다. 그러나 라멕-그리고 라멕의 모든 문명-은 하나님의 심판 아래에서 '그렇지 않다!' 라는 의미를 은밀히 내포하고 있다.

그다음에 홍수 이야기가 나온다. 이 위대한 이야기의 소개는 간략한 네 문장으로 되어있고, 간략한 서문에 이미 홍수에 대한 메시지가 나와 있다.

> 여호와께서 사람의 죄악이 세상에 가득함과 그의 마음으로 생각하는 모든 계획이 항상 악할 뿐임을 보시고 땅 위에 사람 지으셨음을 한탄하사 마음에 근심하시고 이르시되 내가 창조한 사람을 내가 지면에서 쓸어버리되…이는 내가 그것들을 지었음(어리석은 일)을 한탄함(약한 일)이니라 하시니라 그러나 노 아는 여호와께 은혜를 입었더라(창6:5-8).

세상은 '계속되는 악'의 세상이 되었다. 하나님은 모든 창조물을 '쓸어버리기로' 결정한다. 그러나 마지막 짧은 문장에 '그렇지 않다!' 라는 두 어절처럼 희망과 구원이 울린다. 홍수 이야기의 중요 메시지는 모든 창조물을 파괴하는 데 있지 않고 '노아는 여호와께 은혜를 입었더라' 는 사실에 있다. 이에 대한 신학적 강조는 파괴가 아닌 구원에 있다. 전체적으로 '쓸어버림' 을 표현하지만, 우리는 파괴가 아닌 노아와 그의 자녀와 모든 동물에게 떠 있는 방주 안에서 주신 약속과 미래에 의해 감동한다!

이제 바벨탑 이야기가 나온다(창11:1-9). 사람들은 비옥한 티그리스 유프라테스 분지에 굉장한 파라미드식 탑을 세웠다('…절반은 우주적, 절반은 종교적 상징주의, 7층은 하늘과 지구 사이에 있는 매개체로서의 7 행성 신들을 대표한다. 탑에 오르는 것은 신들에게 다가가기 위한 것

이었다. 꼭대기는 하늘로 들어가는 입구로 여겨졌다'),3)

'자 벽돌을 만들어 견고히 굽자…' 기술적으로 모든 가능성을 동원하고 특별히 '불'을 사용하여 진보된 기술로 조심스럽게 일을 하자. 그럼으로써 이 건축 계획을 통하여 우리는 우주의 중심에 자신을 놓을 수 있고 인간의 땀과 능력의 상징이 될 것이다. 그래서 단지 우체국, 기차역, 호텔, 식당, 빵집, 세탁소로 이루어진 밋밋한 도시를 갖지 말자. 독특한 개성을 가진 우리를 하늘의 문으로 인도하는 종교적 도시를 만들자.

우리가 하늘을 '핸들' 하는 법을 모르는 한 우리는 큰 자유와 능력을 느낄 수 없다. 하늘을 '핸들' 하는 길은 하늘로 가는 쉬운 기술적인 방법을 쓰는 것이다. 우리가 이렇게 할 때, 하늘을 장악하여 '핸들' 할 수 있기 때문이다! 만약 우리가 이것을 성취할 수 없다면 그러한 강력한 도구를 사용하는 것은 어떠한가!? 그리고 이름, 우리의 심오한 자아 정체성을 언급하는 종교적인 이름을 짓는다. 탑은 역사의 중심이라는 상징이다. 중심으로부터 우리는 하나님께 "네가 어디에 있느냐?"고 말하면서 인간들을 따른다. 그래서 우리는 지금 역사 중심적 언어로 말한다! 우리는 역사를 '핸들' 한다.

이야기는 갑자기 '바벨'로 끝난다. '여호와께서 거기서 온 땅의 언어를 혼잡하게 하셨음이니라.' 죄의 심각한 증가에 대하여 하나님의 심판과 은혜가 동시에 타락에서부터 바벨탑까지 진전되었다. 원 역사는 심판이거나 은혜가 아닌 지점에 있다. 그것은 두 지점 모두에 놓여있다! 원역사의 신학적인 상황은 '핸들' 하기 쉽지 않다. 하나님의 심판과 은혜 아래 원 역사는 바벨탑 이야기에서 갑자기 멈춘다. 그 이야기의 끝은 '…주 하나님이 옥스퍼드 영어를 승인하였다. 그리고 혼잡한 언어

상황이 통용되도록 승인하였다' 라고 말하지 않는다. 우리는 '가죽옷', '그렇지 않다' 그리고 '노아는 여호와께 은혜를 입었더라'의 단서를 여기서 발견하지 못한다. '하나님의 은혜는 마침내 고갈되었는가?'[4]

원역사의 묘사는 간결하다. 그러나 원역사는 아주 날카로운 민감성과 영원한 타당성을 가지고, 과거와 현재의 민족 역사를 반영한다. 원역사는 곧 '역사'라 부르는데, 어떤 의미에서 우리 자신의 역사에서 하나님의 '네가 어디 있느냐?'는 질문에 응답하여 오늘날 '신학적으로 역사적인' 경험을 역사로 만든다는 것이다. 원역사의 이야기는 이스라엘 언약의 역사적인 체험에서 나오는 것이다. 성경의 세상 속에서 인간의 역사적 진실성은 그 자체로 충분하지 않고 의미로 가득 차 있다.

역사 안에 존재하는 아하즈(Ahaz)라 불리는 인간에 대해 말하는 것은 그 자체로는 신학적 가치가 없다. 그러나 아하즈는 하나님의 '네가 어디에 있느냐?' ―왜냐하면, 그의 역사적 진실성은 하나님의 역사적 진실성에 의해 마주하게 된다― 는 질문에 의해 시작되었고, 그의 역사성은 전체적 의미와 명확한 중요성이 있게 되었다. 하나님의 '네가 어디 있느냐?'의 역사적 진실성이 개인의 역사적 진실성으로 서로 만날 때, 개인은 '역사적' 즉, '신학적으로 역사적'이 된다.

나는 지금 여러분을 동남아시아로 데려갔으면 한다. 내가 '네가 어디 있느냐?'라는 하나님의 역사적 말씀을 경청하려고 애쓰는 곳이 바로 그곳이다. 동남아시아의 삶은 마치 오늘날 세상의 다른 곳의 삶처럼 위기에 직면해 있다. 시간, 가족, 언어, 교육 형성된 우리의 전통적 경험은 급진적으로 중단되고 혼란스러워졌다. 이것들 비평적인 관점에서 보면, 우리는 샬롬을 잃었다. 우리는 상처받았다.

시간은 마치 사랑하는 어머니의 젖이 아기에게 제한이 없는 것처럼.

전통적으로 무제한적 존재로서 경험되었다. 시간은 자비롭게 주어진 것이었다. 그것은 돼지고기 한 점이 팔리듯이 팔리지 않는다. 시간에 대한 사업 거래가 없다. 시간은 순환적이며 즉, 고요하고 신중하다. 그것은 기본적으로 목회적이며 농업적이다. 그것은 논을 가는 부드러운 리듬으로 움직였다. 그것은 공동체적이다. 진실로 시간에 대한 우리 경험의 본질은 공동 친교의 연속성이라는 의미라 할 수 있다. 우리는 단독으로 시간을 경험한 적이 없다. 공동체와 따로 시간은 존재하지 않는다. 우리는 노아의 방주 안에서 공동체로 떠다녔다.

자, 시간은 우리와 어떤 상의도 없이 변화되어왔다! 시간은 지금 사업 성공의 용어로 이해된다. 논 안, 코코넛 나무들 아래, 절 마당 대신에, 시간은 지금 수입과 수출회사, 자동차 제조업자, 상점들과 가게들 안에 존재한다. 시간은 지금 난폭하게 이해된다. 그것은 공공의 공동체 자산이었다. 그것은 지금 개인 사업의 자산이다. 예전엔 그것이 나누어졌지만, 지금은 독점된다. 시간은 지금 우리를 치유하지 않는다. 시간은 우리를 해한다.

가족! 맞다. '가족에 소속되는 것, 친족에 소속되는 것'은 우리 삶의 중요한 가치였다. 가정은 안전, 친교, 격려, 행복, 교육, 영성의 근원이다, 가족은 거룩한 것이었다. 가족은 지금 '돈'이라는 외국 가치에 의해 침략받고 있다. 금전 관계성이 오늘날 우리 사회 안에 개인적 관계성을 대신하고 있다. 우리는 돈 갖기를 원한다. 진실로 더 많은 돈을. 우리 주변에 그렇게 많은 매력적인 일들이 있다! 돈의 능력으로 우리는 그것들을 얻을 수 있다! 우리는 지금 돈에 종속된다. 우리는 현금으로 불리는 이 강력한 괴물을 어떻게 조종하는지 알지 못한다. 우리가 물소에게 하듯이 어떻게 그것의 코뚜레를 거는지를 알지 못한다. 그것은 우리의 기본적 가치를 공격하는 새로운 괴물이다. 그것이 우리 중 어떤 사람들을 가인이나 라멕처럼 만든다.

우리는 자신의 방언으로 말하는 것을 좋아한다. 우리 것은 아름다운 언어이다. 우리는 그것을 자랑스러워한다. 우리는 자신을 믿음직하게 시적으로 표현할 수 있다. 그러나 스리랑카가 차를 마시는 영국인 주인들을 위하여 '차 섬'이 되어버렸듯이, 우리는 주인들의 언어들을 배우는 것을 강요받고 있다. 우리는 제국-탑-건물 안에 속하지 않았다. 우리는 희생자였다. 그러나 우리의 언어는 혼동되기 시작했다. 제국은 그들의 선물을 가져왔지만, 오히려 그것들로 인해 혼동되고 상처가 났다. 일본이 1945년 패한 후에, 우리는 독립을 얻었다. 독립은 자유를 의미했다.

그리고 지금, 1975년 우리는 국가에서 자유롭지 않다. 우리의 말은 거칠게 통제된다. 우리 지도자들은 예리한 칼을 가지고 우리의 방언을 잘라내었다. 싱가포르 최초 총리 이콴유(Lee Kuan Yew)는 미국에게 베트남의 대대적인 개입에 대하여 '동남아시아 감사'를 표현했다. 그것은 다른 동남아시아 나라들에 그들의 경제 발전에 집중할 수 있도록 '시간을 주었다'는 것이었다. 그러나 그것이 '소중한 시간'은 낭비되고 남용되었다는 것은 오늘날 모두에게 명백하다! 모든 나라에서 부자는 더욱 부자가 되고, 빈자는 더욱 가난해졌다. 사람들이 삶의 표준은 열악하게 되었다. 그것은 진실로 약탈과 억압을 위한 '복된 시간'이었다! 우리가 말하는 모든 것이 국가 안전을 위협하는 한 검토되어야 한다! 우리는 어떤 점이 말해져야만 했다고 말할 수 없다!

전통적으로 교육은 우리의 명성을 추구하는 영어 문자의 축적이 아니다. 교육은 인격의 형성이다. 오늘날 교육은 좋은 직업을 얻는 도구이다. 좋은 교육은 더 많은 돈을 가져온다. 이것이 '라멕의 교육'이 아닌가? 교육의 목적이 무엇인가? 학문적인 학위는 무엇을 위한 것인가? 무엇이 교육인가? 우리는 혼돈되었다!

이것들은 우리가 오늘날 경험하는 역사적 상황이다. 우리는 구체적 상황 안에서 하나님의 정신-하나님의 '네가 어디 있느냐?'-을 알기 원한다. 이 위기는 어떤 인간들이 난폭하게 역사를 '조종했었다'라는 것 때문에 온 것이었다. 인간은 이웃들에게 상처의 속임과 악행을 통하여 단지 역사를 '핸들'할 수 있다. 아마 이것은 '에덴 밖의 문명화'의 주요 특색이다. 우리 중 어떤 사람들은 다른 사람들보다 더 큰 규모로 역사를 '핸들' 한다. 그러나 우리 중 누구도 역사를 '핸들'하려는 유혹에서 벗어날 수 없다. 우리는 모두 서로 '핸들'하려는 것이다. 이런 의미에서 우리는 타락했다. 우리는 살아있다. 우리는 강력하다. 그러나 우리는 타락되었다.

나는 동남아시아가 원역사의 조명하에서 신학적으로 이해되기를 제안하지 않았다. 원역사는 단지 다양한 성경적 전통의 한 부분이지만 나는 한 본보기로서 이러한 면을 취할 것이다. 다른 곳에서 언급하였듯이 여기서 하나님은 역사를 '핸들' 하지 않은 분으로서 그려졌다. 그는 역사를 통치하다. 그는 역사를 '핸들' 하지 않는다. 그는 죄가 가속화되는 역사 안으로 오셨다. 그의 은혜는 동시적으로 증가한다. 이것은 하나님께서 '핸들 없이' 역사를 지배하는 것을 지적하지 않는가? 그러나 바벨탑은 어떠한가? 하나님의 은혜가 마침내 고갈되었는가?

바벨탑 이야기의 갑작스러운 마무리는 가중된 신학적 침묵의 순간이다. 그것은 원역사와 새 역사의 시작-아브라함의 부름-이 준비된 이야기의 끝이 둘 다 있는 순간이다.(창12:1-3) 타락부터 바벨탑까지의 원역사는 축복역사가 시작하는 아브라함 전에 끝난다: '…모든 족속이 너로 말미암아 복을 받을 것이라' 그는 장점 때문에 부름을 받지 않았다. 그의 부름은 '열방적'이다. 그가 나라들을 대표하고 부름을 받았을 때, 모든 나라는 부름을 받았다. 아브라함은 하나님의 '네가 어디에 있느냐?'라는 질문에 나라들에 대하여 반응하는 신학적인 인물이다. 그는 모든 족속의 아버지가 되었다(창17:5).

아브라함은 하나님의 '네가 어디 있느냐?'의 질문에 역사화 되고 인격화된다. 이것은 강력한 '역사적' 방식—약속의 땅과 자손—을 이루었다. 이것이 얼마나 구체적이며, 경험적이며 지상에서 이루어지는 약속인가! 모든 사람은 땅과 자손을 원한다. 말레이시아인들은 그것들을 원한다. 필리핀 사람들은 그것들을 원한다. 일본인들은 그것들을 원한다. 그것들은 축복의 유형의 계속성을 대표한다. 그러나 이 유형의 축복은 아브라함이 모든 인간의 가능성을 거부하고 하나님을 믿었을 때만 아브라함에게 왔다.

아브라함은 하나님, 땅, 자손의 위에 있는 '핸들이 없는' 하나님을 믿는다. 아브라함은 역사적으로 이야기되는 것은 그의 삶이 하나님의 '어리석음'과 '약함'이란 말에 의해 설명될 수 있기 때문이다. 사라는 웃지 않았는가? '이삭' 이름이 의미하는 것은 무엇인가? 메소포타미아로부터 가나안까지 그는 여행한다. 그의 여행 자체는 구경거리도 아니고 역사적으로 의미 있던 것도 아니다. 마오쩌둥의 1934~1936년에 거의 6000마일의 긴 도보는 매우 극적이고 이벤트적이었다. 아브라함의 '긴 도보'는 신학적인 메시지 안에서만 의미 있다. 이 사람의 삶을 통하여 땅과 자손의 약속이 밀접한 관련이 있는데, 하나님의 '네가 어디 있느냐?'가 열방에 도달하게 된다. 아브라함이 하나님의 '네가 어디 있

느냐?' 가 역사적 연속성에 의미가 있는 한 그는 역사 해석 안에 신학적
으로 의미 있는 지속적 모본이 된다. '유럽이 이집트이다. 미국은 약속
의 땅이다.' (!) 하나님의 '네가 어디 있느냐?' 는 유럽에서 미국으로 이
주한 이민자들을 통해 이루어졌는가?

개인 그리고 집단으로 인간 삶의 역사적 경험 안에서 하나님의 '네
가 어디 있느냐?' 를 추적하는 것과 인간 역사를 향한 하나님의 태도
('존중', '핸들 없음')를 보는 것은 진실로 십자가 정신의 신학적 정신
작업이다.

(2) 손은 펴있지도 오므려있지도 않는다―붓다, 레닌, 예수

나는 여러분이 긴급 공지가 있으면 역사적 상황에서 다른 곳으로 움
직일 수 있는 이동 가능한 기독교 정신을 가지기를 희망한다. 나는 우
리가 하나님의 '어디 있느냐?' (하나님이 사람을 찾는)는 다양한 문화,
역사, 경험의 상황에 통일성과 계속성을 준다고 믿기 때문에 그러한 빠
른 이동이 가능하다고 생각한다.

일본 교토에 하쿠오 시대(17C 후반과 18C 사이)의 구리로 만들어진
인상적인 붓다의 상이 있다. 국보인 이 상은 평화와 혼동의 시기에 수
세기를 통하여 일본 사람들에게 회자하였다. 그것은 놀라운 메시지를
가지고 있는 손이다. 손가락 사이에 오리와 같은 물갈퀴가 있다. 물갈퀴
손가락은 인도의 종교적이고 철학적인 전통에서 비롯된 것이다. 그것은
붓다의 32가지의 뚜렷한 신체적 표징 중의 하나이다. 일본 사람들은 이
물갈퀴가 모든 것을 구원으로 긁어모으는 붓다의 의도를 나타내는 것
으로 이해하였다. 어느 사람도 그의 구원하고자 하는 손가락 사이로 어

두움의 영역으로 떨어지지 못하게 하는 것이다! 잘 균형 잡히고, 매력적이고, 자비롭고, 신뢰할 만한 손은 신적 구원의 감동적인 상징이다. 그것들은 사람을 거부하지 않는다. 그것들은 사람을 구하고 있다. 그것들을 사람을 초대하고 있다. 나는 이 상에 대하여 하나님께 감사한다. 그것은 인간의 구원에 대한 필요의 깊이와 넓이가 자유의지와 자비의 손에 의해 표현된다.

　이 상의 손은 아름다운 곡선으로 부드럽게 펼쳐져 있다. 그것들은 의도적으로 펴져 있다. 거기에는 고통이나 애증의 느낌이 없다. 이 상은 두드러지게 '종교적'인데, 종교는 자비에 뿌리박은 '평등'의 심오한 의미를 나타내기 때문이다. 대상을 선택하는 자비는 진실로 종교경험의 기초가 될 수 없다. '평등' 자비-강력한 자비-가 인간과 마주할 때, 그는 항복하고 그의 종교적 삶은 시작한다. 참으로, 신학은 구별하지 않고

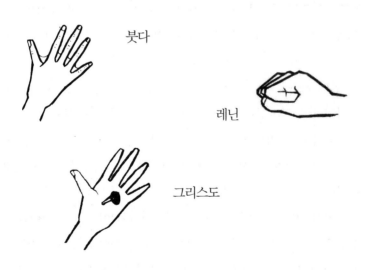

붓다

레닌

그리스도

존재할 수 없다. ('양과 염소', 마25:32; '율법과 복음', 롬3:21; '구원과 심판', 요3:17; 등등).

그러나 신학도 역시 하나님의 자비로 평등한 차원에 친근해져야만 한다. 종종 끝없는 구체적 구별, 구분, 차별(예를 들면, 교단주의에 대한 구체적 논쟁!)의 신학적 논쟁은 너무 '지혜롭고', 너무 '강해서' 하나님의 '어리석음'과 '약함'을 소통하기 어렵다. 나는 평등의 깊이에 도달하지 못하는 자비는 죄인을 구원하기에 충분하게 자비롭지 않다고 생각한다. '…하나님이 모든 사람을 순종하지 아니하는 가운데 가두어 두심은 모든 사람에게 긍휼을 베풀려 하심이로다' (롬11:32); '…하나님이 그 해를 악인과 선인에게 비추시며 비를 의로운 자와 불의한 자에게 내려주심이라' (마5:45)

몇 년 전에, 나는 모스크바에 있는 레닌의 웅장한 무덤으로 가기 위해 느리면서도 계속되는 행렬로 인해 2마일의 줄을 섰다. 내가 내부 사원에 안치된 유리관 안에 레닌을 조용히 바라보았을 때, 나는 그의 한 손이 결단의 상징인 주먹을 쥐고 있는 것에 주목하였다. 나는 그가 평안하지 않았다고 혼잣말했던 기억이 있다. 그는 1924년에 죽었다. 소련 연방공화국이 된 이래 굉장한 발전을 하였다. 그것은 세계의 두 강국 중의 하나였다. 아마 그가 평안해져야 할 시기였다.

그러나 그는 평안하지 않았다. 그의 주먹은 이념적인 의와 헌신을 상징한다. 이데올로기가 '폐쇄'되어 있는 한 진정 능력일 수 없다. 개방 이데올로기는 약한 이데올로기이다. 손이 오므려졌을 때, 그것은 그 진리를 시행하게 되는 궁극적 진리와 강한 의지를 거머쥐는 것을 상징한다. 레닌은 붓다의 손을 가질 수 없다. 그것은 혼동을 일으키고 그의 메시지의 핵심을 마비시킬 것이다. 붓다는 자신을 '평등하게' 죄인들에게 설명했다. 레닌은 그 자신을 부르주아에게 대항하는 프롤레타리아에게 '구별되게' 소개했다.

나는 잘 이해하지 못하지만, 진리는 단순하게 '개방' 되어 있을 수 없다고 본다. 진리가 그 자체를 정의할 때, 그것은 '닫힘' 방향으로 움직이는데 왜냐하면 인간의 삶이 불가피하게 진실의 순간이라고 하는 죽음을 향하여 움직이기 때문이다. 진리는 다른 가능성에 대하여 그것의 실제와 구분한다. 진리는 배타성과 '닫힘' 의 그 자체 힘 안에서 수행된다. 진리에 대한 히브리어 ēmeth (구약에서 132번 사용)은 '단장한, 단단함을 유지하는, 믿을 만한, 변하지 않는' 을 의미하는 단어로부터 어원적으로 파생되었다. 나의 자녀들에 대하여 나는 아버지이다. 이 진리는 나의 자녀들의 아버지로서 다른 남자들이 불리는 자신들의 가능성을 배제하였기 때문에 '견고히 유지' 된다.

멜버른에 있는 뉴맨 대학(Newman College) 예배실의 한쪽 벽에 청동으로 조각된 십자가상의 예수가 있다. 나는 매일 그것을 보는 데 익숙해 있었는데, 왜냐하면 가게로 가는 지름길에 위치에 있었기 때문이다. 못들이 예수 손의 손바닥을 거칠게 뚫었다. 그의 몸의 무게가 고통스럽게 못에 집중되었다. 그는 고통스러운 가운데 있었다. 그는 헐떡거렸다. 그는 일본인의 붓다 물갈퀴 손처럼 매력적이고 자비롭지도 않았고, 레닌처럼 신념에 찬 이데올로기적 주먹을 가지고 있지도 않았다.

예수는 무방비였다, 그는 맞았다. 그는 패했다. '그리스도께서 약하심으로 십자가에 못박히셨으나…' (고후13:4) 그의 손은 펼쳐지지도 오므려지지도 않았다. 아마 그는 모든 방법으로 손을 펴거나 모든 방법으로 손을 오므리기를 원했다. 나는 모른다. '조금 나아가사 얼굴을 땅에 대시고 엎드려 기도하여 이르시되 내 아버지여 만일 할 만하시거든 이

잔을 내게서 지나가게 하옵소서 그러나 나의 원대로 마시옵고 아버지의 원대로 하옵소서 하시고'(마26:39)-이것이 우리가 듣는 것이다. 못이 실제로 그의 손바닥에 박혔는가? 나는 모른다. 나는 상징주의의 언어로 말하고 있다. 나는 그의 것이 펴지지도 않고 오므려지지도 않는 것을 '보았다.' 만약 그의 손이 꽉 쥐었다면, 신학은 이데올로기가 되었을 것이다. 나는 이데올로기가 본질적으로 악한 것으로 생각하지 않는다. 선한 이데올로기와 악한 이데올로기가 있다. 어느 사람도 이데올로기에서 자유롭지 않다. 이 순간 내가 관심 두는 것은 신학과 이데올로기 사이에 구분이 있다는 것이다. 신학은 '열려 있지도 닫혀있지도 않는다.' '누구든지 나로 말미암아 실족하지 아니하는 자는 복이 있도다 하시니라'(마11:6) 만약 그의 손이 펼쳐져 있으면-상징적인 물갈퀴와 같이 매우 펼쳐져 있다-신학은 '걸림돌'이 되는 존재를 없애버릴 수 있다.

내가 십자가에 못 박힌 예수의 청동상을 곰곰이 생각했을 때, 나는 복음이 말하는 구원의 진리는 펴지지도 않고 오므려지지도 않은, 못 박힌 손을 통하여 전해진다는 것을 점진적으로 깨닫기 시작했다. 하나님은 단순히 ēmeth가 아니다. 그는 헤세드(은혜, 사랑하는-친절)이다. (출34:5-7) 그는 자기의 헤세드 안에 ēmeth이다. 이것은 신학적으로 뛰어난 교차점(십자가)이 아닌가? 그는 자기의 십자가를 펴지지도 않고 오므려지지도 않은 손으로 짊어졌다!

나는 어떻게 체계적으로 이 십자가에 못 박힌 손이 붓다의 물갈퀴 손과 레닌의 움켜쥔 손이 관계가 있는지 모른다. 손의 모든 형태-환영의 손, 거절의 손, 희망의 손, 절망의 손, 결단의 손, 사랑의 손, 이해의 손…-은 틀림없이 못 박힌 손과 관련되어 있는데, 왜냐하면 십자가에 못 박힌 손은 고통스럽게 펴져 있지도 오므려있지도 않기 때문이다. 십자가에 못 박힌 손은 우리 역사의 궁극적인 사랑과 존경의 손이다. 그것들은 신적인 초대의 손이다. 펼쳐있지도 오므려있지도 않은 십자가에 못 박힌 손을 묵상하는 정신은 십자가 정신이다. 십자가 정신은 손의 형태의 다양성과 십자가에 못 박힌 관계성에 대한 견해이다.

고통스러운 손의 이상한 모양을 볼 때, 십자가 정신은 그것의 폭발적 영적 에너지를 감지한다. '약함'과 '어리석음'의 관점에서 그것은 '도시락'을 함께 놓은 것보다 더 풍부한 자원이 된다. 십자가 정신은 십자가에 못 박힌 주님의 방향으로 '도시락'의 긍정적인 에너지를 갖도록 인도한다. 예수님의 손은 '네가 어디 있느냐?'는 하나님의 손이다.

십자가 정신이 바울을 통해 고백 된다. '우리 곧 나와 실루아노와 디모데로 말미암아 너희 가운데 전파된 하나님은 아들 예수 그리스도는 예하고 아니라 함이 되지 아니하셨으니 그에게는 예만 되었느니라 하나님의 약속은 얼마든지 그리스도 안에서 예가 되니 그런즉 그로 말미암아 우리가 아멘 하여 하나님께 영광을 돌리게 되느니라' (고후1:19, 20). 이 예(Yes)는 십자가에 못 박힌 주님에게서 온 예(Yes)이다. 그것은 일반적인 예(Yes)가 아니다. 그것은 우리가 펴지지도 않고 오므려지지도 않은 십자가에 못 박힌 손을 볼 때 우리가 전해 듣는 특별한 예(Yes)이다.

4. 눈썹을 민 얼굴

태국왕은 1956년 왕립사원으로 들어갈 때 머리와 눈썹을 밀었다.
자기 부인은 종교적 행위이다.
'내가 내 몸에 예수의 흔적을 지니고 있노라'
종교 형태는 단지 '하늘 꼭대기의 탑'이 아니다. 그것은 아브라함이 이삭을
바치는 형태이다.

몇 년 전 싱가포르에서 내게 일어났던 사건에 여러분이 관심을 기울
이길 바란다. 싱가포르는 거의 적도 위에 있다. 비가 올 때, 공기는 습도
상승에 따라 갑자기 고온 다습해진다. 그러한 비가 오는 어느 날, 나는
소형차로 스리랑카 승려를 태우고 운전했다. 거리는 여느 때와 같이 교
통이 복잡했고, 매연은 참기 어려웠다. 커다란 교회 포스터에 쓰인 '그
리스도를 위한 십자군'을 읽은 승려가 나에게 얼굴을 돌려 속삭였다:
'당신의 그리스도는 절망적임이 틀림없어요. 그는 자신을 위해 그의 백
성들이 십자군에 참가하는 것이 필요하잖아요. 왜 기독교인들은 그리스
도를 위한 캠페인을 합니까? 캠페인은 정치적인 운동이지 확실히 종교
적 활동이 아닙니다.' 몇 분의 침묵이 흐른 후 그는 계속 말했다. '자기
부인은 종교적 행위입니다. 왜 당신들은 구세주를 값싸게 만들고 천시
합니까?'
그는 주황색 가운을 입고 있었다. 그의 고무 샌들(새것은 싱가포르
에서 4달러)은 낡았고, 어깨에는 비어 있는 천 주머니를 걸치고 있었다.

승려의 이러한 모습은 수년에 걸쳐 익숙해졌다. 그러나 습한 싱가포르 오후에 내게 속삭이는 말이 옆에 앉아있는 승려를 다르게 느껴지게 하였다. 그가 갑자기 나에게 비밀스러운 의미와 메시지로 암시하는 것 같았다. 나는 승려를 놀라운 모습으로 바라보았다. 나는 그 안에서 자기 부인 정신의 불교 역사의 현현을 보았다. 붓다의 재현! 그 남자는 오늘 싱가포르에 살고 있다–싱가포르는 사람이 누구냐 보다는 가지고 있는 것이 더 결정적이고, 먹는 것보다는 몸이 필요로 하는 것이 더 중요하고, 자기 부인이란 단어가 옛적 우상인 덕으로 치부되는 히스테릭한 확신에 헌신 되어있으며, 한편으로는 버섯 모양의 쇼핑센터와 광고의 오케스트라가 끝나지 않는 도시이다–그는 그런 도시에서 공공연하게 자기 부인의 흔적을 가지고 살아가는 것이다.

그는 다트선1100(자동차)을 소유하지 않고 있다. 그는 집을 가지고 있지 않다. 그는 아내가 없다. 그는 자녀가 없다. 그는 보험을 들지 않았다. 그는 연금 수당이 없다. 그는 선교위원회에 의존하지 않는다. 그는 바지가 없고, 구두를 신지 않는다. 그의 옷은 단추가 없다. 그는 심지어 열쇠 하나도 가지고 다니지 않는다. 그는 열쇠가 없는 세상에 살고 있다. 그는 '개방된 도시'에 살고 있다. 그는 경계선이 없는 사람이다.

그런데도 그는 머리카락과 눈썹을 면도했다! (1956년 태국 왕, 브후미볼 아둘야데즈(Bhumibol Adulyadej) 폐하는 왕립사원에 들어갈 때 머리와 눈썹을 밀었다.) 그는 눈썹의 세밀하고 강력한 움직임의 미를 가진 자신을 부인했다! 헬레나 루빈스테인(Helena Rubinstein)의 다양한 백만 달러 사업(맥스 팩터, 도로시 그레이, 레브론, 엘리자베스 아르덴, 시세이도…)은 눈썹을 힘주어 강조해야 한다고 하지 않는가? 오늘날 문명화는 상징적으로 과도한 눈썹 강조의 문화라 일컬을 수 있지 않을까? 그는 인간 문명화의 영성을 거부한다. 그는 자아 부인자이다. 그는 상업적, 사업적, 과학 기술적, 제일국립시티은행 세상의 금욕자이다.

> 눈을 내리깔면서 어슬렁거리지 않고
> 감각을 제어하면서 생각을 유지하고
> 아프지 않도록 마음을 제어하며, 분노하지 않고,
> 코뿔소처럼 홀로 잘 가라
>
> 그대 집주인의 화려한 옷을 버리고
> 가을에 에리스리나가 그 잎이 떨어지듯이
> 그리고 노란 가지에서 나아가라
> 코뿔소처럼 홀로 잘 가라

나의 친구는 '자기 부인이 종교적 활동이다' 라고 말했다. 나는 인간 종교경험의 다양하고 오랜 역사가 단순히 자기 부인이라는 개념 아래 모두 포괄된다고 생각하지 않았다. 인간 종교성은 단순한 접근을 거부하는 주제이다. 종교성은 거룩한 인간 경험의 문화적 표현이다. 그러한 경험은 영원하고, 그것은 모든 방향으로 자체가 나타난다. 종교적 상황은 모호하고 통제 불가능하다. '자기 부인은 종교적 활동이다' –이것은 종교의 정의는 아니다. 그것은 종교에 대한 종교적 인간의 고백이다. 나는 이 고백이 감동적이다. 그것은 내가 더 구체적이고 진가를 느끼는 방식으로 종교적인 사람들을 바라보게 했다. 자기 부인의 실천은 확실히 역사적 대종교들의 기본적인 종교경험 중의 하나이다.

나는 자기 부인 행위의 존재와 부재가 종교적 가르침으로 생성된 삶의 기본적인 요소임이 틀림없다고 말하고 싶다. 기구나 권위 체계도 아

니고 예배 관습이나 심오한 교리적 글도 아니고 신성에 관한 바른 관념
이 아니고 제의적 가정과 공동체의 삶이 아닌 것이 중심적 종교경험을
구성한다. 이러한 모든 '종교적 사고와 행위'는 그들이 자기 부인 사상
으로 뿌리내렸을 때만 진정한 종교경험이 된다. '누구든지 나를 따르려
거든 자기를 부인하고…'

눈썹이 없음

내 곡식단이 선교신학
중심 안에 서 있음

　　종교적 정신은 자기 부인 정신이다. 종교적 행동은 자기를 포기하는
행동이다. (상징적인 눈썹이 없는 얼굴!) 29살의 싯다르타 고타마는 그
가 보았던 니르바나 경지를 향하여 그 길에 따른 무수히 영감 받은 자
기 포기의 행동이었다. 불교도들에게 자기 포기의 이야기는 깨달음의
이야기로부터 분리할 수 없다. 승려의 고백은 나의 신학적인 삶에 의미
를 준다. '누구든지 나를 따르려거든 자기를 부인하고(눈썹을 밀고) 나

를 따르라' 라는 강력한 종교적 부름이다!

　여러분은 자기 부인을 가장 핵심에 두는 것을 좋아하지 않을지 모른다. 그러한 제안이 오늘날 유행에 뒤처진 것이라고 나는 알고 있다. 여러분은 자기 부인이 자신들을 염세적인 수도승적 정신과 패배주의적이며 부정적인 심리로 이끄는 것을 두려워한다. 나는 그것이 꽤 타당성 있다고 생각한다. 그러나 자기 부인은 힌두교, 불교, 유교, 유대교, 기독교, 이슬람교와 같은 대종교의 살아있는 전통의 심오한 메시지 안에서 우리를 그렇게 인도하지 않는다. 이들 전통에서 자기 부인의 가르침은 폭발적인 영성 에너지로 채워진다.

　불교의 모든 분파가 심오한 영적이고 지적인 헌신의 중심 생각은 지혜와 자비의 불가분적 통일성이다. 불교의 지혜는 서양에서 정의하는 것과 같은 '철학'이 아니다. 그것은 '길'이다. 길을 걷는 것은 자비의 행동 때문에 동행하여야 한다. 그것들은 불가분이다. 자기 부인은 지혜와 자비의 통일성 그 자체에 근원 한다. 이 통일성은 자기 부인의 행위로서 그 자체를 필연적으로 표현한다. 자기 부인의 동기는 불교인 삶 방식의 가장 중심에서 발견된다. 요약하면, 만약 사람이 지혜와 자비에 헌신 되었다면, 사람의 삶은 자기 부인의 차원을 구체적으로 나타내는 하나의 길 또는 여러 다른 길이다. 요아힘 와시(Joachim Wach)는 다음과 같이 썼다.

　나는 누군가를 따르는 추종자들의 헌신과 봉사가 종교적 경험의 보편적으로 유익한 실천적 표현이라 여겨져야 한다고 본다. 하나님께 예배드리는 것과 다른 형제들을 돌보는 것이 분리되어 따로 노는 것은 서양 근대 문명의 규범이라기보다 예외적인 일이다. 만약 우리가 극한의 금욕생활에 못 미치는 미흡한 실천에 자부심을 품는다면, 많은 현대인은 동기가 없어서 동시에 전부 그리고 자기 부인의 모든 행동을 포기하는 기쁨은 반감된다.[5]

지혜('하나님께 예배')와 자비('형제의 돌봄')의 분리는 서구 문명에서 예외이다. 이 둘은 전체적으로 함께 간다. 그러나 이상한 차이가 불교 전통과 서구 문명 사이에서 일어난다. 전자의 지혜와 자비 간의 통일성은 자기 부인의 이상이 동기가 되었던 반면에, 후자는 사람들이 자기 부인을 위한 어떤 동기도 찾아보기 어려워서 '자기 부인의 모든 행동이 포기된다.' 서구 문명은 기독교의 가치와 믿음의 직접적인 구체화를 하지 않았다. 그러나 서구 문명은 역사적으로 어떤 다른 문명보다 기독교적 가르침에 가깝다는 것 부인할 수 없다. 그리스도는 자기 부인을 심각하게 다루었다.

온전한 복음은 예수 그리스도의 자기 부인으로부터 빛을 발한다. '인자가 온 것은 섬김을 받으려 함이 아니라 도리어 섬기려 하고 자기 목숨을 많은 사람의 대속물로 주려 함이니라'(막10:45) 다른 많은 말씀 가운데 이 말씀은 자기 부인이 지혜와 자비의 통일성 안에서 뿌리내렸다는 근거가 된다. 서구 문명이 자기 부인의 종교적이고 사회적인 가치의 원래의 기독교적 영감을 가린 점이 있는가? 그런데 간디는 자기 부인의 개인적 행동 때문에 타고르에 의해 '큰 영혼'이라 불렸다. 아시아에서 가장 살아있는 종교적 이미지 중의 하나는 아직도 단순한 허리 가리개, 맨발, 마을 길을 걷는 간디의 상이다. 다른 사람들을 위하여 또는 진리를 위하여 자기 자신을 부인하는 것은 종교적인 사람의 영광을 위한 내적 비밀이다. 전기는 기차가 달릴 때 살아있는 실체가 된다. 종교는 삶과 정신에 자기 부인을 할 때 살아있는 실체가 된다.

만약 종교인이 자신의 종교를 받아들이도록 다른 사람을 초청한다면, 그는 자기 부인 못지않은 행동으로 자신의 믿음과 정체성의 진실성을 정립해야 한다. 멀리 떨어진 인디언 마을에서 사람들은 정관 절제술로 불임 경험이 있는 사람들로부터 가족계획 메시지를 받았다. 수술의 상처는 그의 메시지를 증명했다. '나는 예수의 흔적(스티그마-노예들에게 찍던 낙인)을 가졌노라!' (갈6:17) 이 흔적은 바울 정체성의 중심이며, 그의 메시지에서 확증되었다. '바울, 예수 그리스도의 종…' (롬1:1) 자기 부인의 표시는 복음주의자가 되는 기본적인 필요요건이다. 종교적 헌신은 흔적의 표시를 통해서만 소통될 수 있다.

영어단어에서 접미사 이즘(ism)은 좋은 만큼 해롭다. 이 접미사가 힌두이즘, 부디즘, 유대이즘 등의 단어를 만드는 데, 그것은 이들 '종교 체계'가 다른 것으로부터 분리하여 하나로 명확하게 묶여지고 이성적 담론의 대상이 된다는 강한 표현이다. 종교적 삶의 역사적 실재는 어떤 ‒이즘이 내포하는 것보다 더욱 상상력이 있고 창조적인 것이다. 아마 힌두(스티그마) 또는 부다(스티그마)는 힌두이즘, 부다이즘보다 더욱 적절하게 종교적 현상의 삶의 실재를 붙잡을 것이다. 이즘(ism)은 스티그마의 표시 없이 소통할 수 있다. 종교는 스티그마 없이 소통할 수 없다. 스티그마의 표식을 가지지 않는 종교는 진실로 더이상 종교가 아니다. 그것은 '종교‒사업'이다.

나는 종종 선교사들이 전도하는 아시아 친구들이 붓다에서 예수 그리스도의 믿음으로 변화하는 것을 보고 당황하곤 한다. (그러니까, 이것은 '강력한 결단'이다. 태국에서 이것은 사람이 자신의 정체성과 종종 가족의 지원을 포기한다는 것을 의미한다!) 그들 자신은 그들의 경직된 신학적 위치 혹은 교단적 안전과 자기 정체성의 조금도 변화할 준비가 되어있지 않다. 사람들을 거기서 예수 그리스도의 흔적을 볼 수 없다.

중부 술라웨시(인도네시아 동부의 큰 섬)에 있는 트라야 사람들이 사는 열대 산지의 땅(마카사르 가장 가까운 공항 도시로부터 버스로 13시간)은 암스테르담 기독교가 하이델베르크 요리 문답과 벨직 신앙고백을 완성한 곳이다. (여러분은 벨직 신앙고백을 아는가?) 루터의 대요리 문답은 북수마트라의 발탁 땅에서 만들어진 최고의 것이다. 하이델베르크 요리 문답과 루터의 대요리문답은 기독교 신학과 목회의 역사에서 뛰어난 금자탑임에 의심이 없다. 나는 그것들을 거기서 보는 것을 유감으로 생각하지 않지만 나는 왜 그리고 어떻게 그것들이 원래의 형태로 그렇게 영적 문화적으로 풍성한 땅에서 원래 형태로 남아있는지 수수께끼다. 그것들이 적응할 혹은 적어도 근본적인 방법에서 표현을 변화시킬 필요가 없었는가? 진실로, 하이델베르크 요리 문답 대신에 트라야-베르그 요리 문답이어야 하고, 루터 요리 문답 대신에 바탁 요리 문답이어야 한다.

자기 부인의 삶으로부터 온 통찰은 우리의 신학과 목회적 일에 새로운 감흥을 창조할 것이다. 이것은 자기 부인을 가리키는 '그리스도의 형상'(갈4:19)이기 때문이다. 술라웨시에 있는 암스테르담 기독교는 '그리스도의 형상'을 반영하지 않는다. 그것은 확실히 자기 부인의 통찰이 부족하다. 지역 현지인들의 소망과 좌절에 근거하지 않는 신학은 하나의 역사적(가현적) 신학이다. 그것은 기독교 믿음이 역사에 관련하지도 않고 뿌리내리지도 않는 인상을 주는 것이다.

내가 태국 치앙마이에 있는 신학교에서 가르칠 때, '느림보'라 불리는 한 학생이 있었다. 어느 날 나는 그에게 성경해설사전(The

Interpreter's Dictionary of the Bible)의 내용 중 한 개를 두 페이지로 요약하라고 요청했다. 그는 이틀이 걸렸다. 그는 열심히 했다. 나는 그의 손이 영어-태국 사전을 꽉 붙들고 있는 것을 보았다. 눈이 충혈된 채로, 그는 숨쉬기 어려운 더위(와 모기)를 극복하고 숙제를 열심히 했다. 그러나 그가 쓴 것이 너무나 혼란스러워서 나는 몇 단어를 검사하고 포기했다.

후에 나는 그와 함께 전도 여행을 갔다. 이 시기에 위치는 완전 반대가 되었다. 그는 교수가 되었고 나는 눈이 충혈 된 학생이었다. 그는 나에게 어디에서 일을 찾아야 하는지, 어떻게 우물에서 샤워하는지, 모기에 대해서 어떻게 해야 하는지를 알려주었다. 그는 사람들과 너무나 편안하였다. 그는 매우 창조적으로 되었다. 그는 심지어 '신학적 유머'를 던질 수 있었다. 나는 신학적 묵상을 하였다. 그는 어떻게든 방언을 번역하여 사람들에게 내가 말하는 것보다 더 잘 듣게 하였다. 그는 사전을 가지고 점수를 매길 수는 없지만, 사람들과 더불어 아주 우수한 점수인 우등(cum laude)을 해냈다.

얼마나 그는 자유로운가! - 높은 코코넛 나무의 꼭대기 위의 푸른 하늘에 새가 날아다니는 것처럼 자유롭다. 그는 사람들을 사랑한다. 그는 그들에 관하여 관심을 둔다. 그는 그들을 방문했다. 밤 2시에 그는 일어나 병원에 아픈 사람을 데리러 갔다. 그는 자기 주머니에서 택시비를 냈다. 그는 어떤 선교위원회나 교회 사무실에 그 비용을 내라고 요청하지 않았다. 그러나 그의 학교 점수는 비참할 정도로 낮았다. 학교가 그에게 혹은 그가 학교(전통적인 '서양 커리큘럼'을 가진)에 적응하여야 하는가? 그 지역 사람들은 그에게서 예수님의 흔적을 보았다. 우리의 신학 교육은 예수님의 흔적에 적응되어야지 다른 방법으로는 안 된다.

무엇이 신학에서 학문적 탁월성인가? 히브리어로 구약성경을 읽는 사람은 오직 인도네시아어로 성경을 읽는 사람보다 더 학문적으로 능숙하다. 즉 만약 누군가가 어려움 없이 성경 해석가 사전으로부터 어려움 없이 즉시 유익을 얻을 수 있다면, 그는 내가 언급한 태국 학생보다 학문적으로 더 뛰어나다. 나는 이것을 이해해야 한다고 생각한다. 학문적 탁월성은 특별한 기술과 방법을 사용하는 능력을 언급한다. 그러나 학문적 탁월성은 고립된 그 자체로 평가되어서는 안 된다. 그것의 가치는 사람에게 봉사하는 탁월성의 의미로 발휘되어야 한다. '사람에게 봉사하는 것'–이것은 학문적 탁월성이 평가되어야 하는 근본적인 상황에 있는데, 여기서 학문적 탁월성은 그 자체로 인간의 가치를 드러낸다는 것이다. 학문적 탁월성은 인간의 탁월성의 한 부분이다. 인간의 탁월성은 '그리스도의 형상' 안에 숨겨져 있다. 학문적 탁월성은 예수 그리스도의 흔적을 받아드려야 한다.

예수 그리스도의 흔적! 내가 몇 문단을 더 이 주제로 계속해도 되는가? 간디 자서전, "진실이 담긴 나의 도전 이야기"(The Story of My Experiments with Truth)에서 한 부분을 인용해보자. 여기에 간디와 코우츠(Coates)의 만남에 관한 이야기가 있다.

그는 내 목에 걸친 툴라시 구슬로 만들어진 바이사나바 목걸이를 보았다. 그는 그것이 미신이고 그것으로 인해 괴로움이 있을 것으로 생각했다. '이 미신은 당신에 어울리지 않는군요. 자! 내가 그 목걸이를 끊어버리게 하오.' '아니오, 당신을 그럴 수 없습니다. 그것은 나의 어머니로부터 물려받은 신성한 선물입니다.' '그러나 당신은 그것을 믿습니까?' '나는 그 안에 비밀스러운 의미가 있는지 알지 못합니다. 만약 내가 그것을 걸지 않는다면 해롭게 될 것으로 생각하지 않습니다. 그러나 나는 어머니가 나의 평안에 영향을 미치는 확신과 사랑에서 벗어나는 목걸이에 대한 포기는 충분한 이유 없이 할 수 없습니다. 시간이 지나서 닳아져서 그 자체의 순서가 흐트러질 때도, 나는 새것을 할 마음이 없습니다. 그러나 이 목걸이를 끊어 버릴 수 없습니다.' 코우츠씨는 나의 종교와 무관하듯이, 나의 의견을 평가할 수 없습니다. 그는 무지의 심연으로부터 나를 구원하기를 바랐습니다.[6]

나는 코우츠씨가 신실하다고 생각한다. 그는 우리 대부분과 다르게 예수 그리스도에 대해 믿음이 진지하다. 그의 신학적 태도는 분명하고 강하다. 나는 코우츠씨가 '미지근한'(계3:16) 사람이 아니라고 판단한다. '…자, 내가 그 목걸이를 끊어버리게 하라' –이것은 강하고 단도직입적 제안이 아닌가? 그렇다. 그는 능력이 있다. 그는 자기의 '고단백 도시락'을 가지고 다닌다. 그러나 그의 다재다능한 능력은 십자가 정신에 의해 인도되고 훈련되지 않았다. 이런 의미에서 그의 다재다능한 능력은 위험한 것이다. 그것은 기술자가 없는 동력 있는 기차와 같다. 그는 '그녀가 내 목에 사랑으로 걸어주었던' 목걸이를 그의 손에 넣기를 원한다. 그는 다재다능한 능력을 갖추었지만, 피상적이다. 그는 '미신'의 논의를 넘어 한 걸음도 가지 않는다. 그는 목걸이로 형상화된 간디 어머니의 사랑이 빛나는 현존을 볼 수 없다. 그는 간디보다도 목걸이의 마술적인 효과에 대해 더 관심을 둔다. 목걸이에서 간디는 사랑을 보고 코우츠씨는 미신을 본다!

코우츠씨는 요셉의 꿈에 대한 전통과 같은 맥락에 있다: '우리가 밭에서 곡식 단을 묶더니 내 단은 일어서고 당신들의 단은 내 단을 둘러

서서 절하더이다'(창37:7) 얼마나 자신을 부인하지 않는 꿈인가! 얼마나 자기 확장적인 꿈인가! 나는 이 꿈에서 교훈적이고 건강한 선교학을 세우는 어떤 가능성을 보지 못한다. '묶더니 내 단은 일어서고' 라는 선교학은 니콜라스 교황이 항해사 헨리에 의해 명확하게 밝혀진 것이다. 로마 교황의 대칙서(1454)는 다가올 세기에 수많은 아시아인의 삶에 널리 부정적인 식민지적이고 종교적인 영향력을 행사했다.

> 우리의 기쁨은 매우 큰 것은 포르투갈 왕자인 내 사랑하는 아들 헨리가 뛰어난 인물로 회자되는 그의 아버지 존 왕의 발자취를 따른다는 것을 알게 되었기 때문이다. 존 왕은 그리스도의 용감한 군사와 같은 영혼을 가진 열정으로 가득한 분으로, 하나님의 이름으로 가장 멀리 잘 알려지지 않는 나라로 가서, 가톨릭 교인들이 사라센과 이교도와 같은 그리스도와 하나님의 속이는 적들을 손들게 하였다. … 조심스러운 숙고 끝에 우리는 정의자, 절대자인 아폰스 왕에게 인정된 사도적 편지에 의해 사라센 또는 이방인인 그리스도 적들의 통치 아래서 모든 나라를 침략해서 정복하고 복종하게 하도록 고려하고 있다.[7]

니콜라스 교황은 전화, 텔레비전, 제트비행기, 단행본이 없는 세상에서 살았다. 그의 세계관은 자연적으로 뚜렷한 한계가 있다. 그러나 그의 사도적 편지가 요셉의 꿈의 신학의 직접적인 확장자로서의 적용에 지나지 않는 것은 비극적이다. 그의 사도적 편지(즉 조심스러운 숙고 끝에)는 '그리스도의 형상' 으로 보이지 않는다. 그것은 진실로 강력하게 쓰여 역동적인 영향력을 미쳤다. 그러나 그것은 '우리 구세주를 값싸게 만들고 창피를 주는 것' 이다. 요셉-니콜라스-코우트씨 신학은 예수 그리스도 복음의 사도적 계보를 대표할 수 없다. 사도적 신학은 '흔적을 남기는' 신학이 되어야만 한다. 그것은 사도적인 자기 부인에 근거해야만 한다. '…우리가 세상의 더러운 것과 만물의 찌꺼기같이 되었도다' (고전4:13)

> 선교사들은 겸손한 봉사의 영 안에서 모든 육 대륙을 더 자유롭게 다녀야 한다.[8]

'겸허한 봉사의 영'은 선교사들이 '세상의 더러운 것이고 만물의 찌꺼기'라는 깊은 인식과 하나님 앞에 이 겸손함을 지칭하는 삶의 방식을 의미한다.

자기 부인이란 '예수 그리스도의 흔적을 가지고 사는 것'을 의미한다고 말하고 싶다. 이것이 자기 부인의 신학적 구조와 의미이다. 이것이 자기 부인의 '기독론적' 성격이다. 우리는 이 표식을 가지고 사는가? 우리 삶은 우리가 가진 흔적 때문에 계속해서 쉽지 않고 불완전(!)하게 되었는가? '여호와여 내가 깊은 곳에서 주께 부르짖었나이다' (시130:1) 나의 친구인 승려는 싱가포르에서 붓다의 흔적을 가지고 걷는다. 그의 자기 부인은 '불교적'이다. 그의 주황빛 도복과 빈 주머니는 붓다가 가르친 구도자의 삶, 집 없는 가치의 이상을 가리킨다.

그는 분명히 기독교인들의 캠페인 행위에 몹시 당황했다. 아시아의 여러 부분에서 우리는 '그리스도의 십자군'이 떠오른다. 홍콩, 싱가포르, 대만, 태국, 한국에 십자군들이 물결치며 온다. 아시아인들은 거룩한 인자인 예수 그리스도가 종교적 십자군의 사람이 될 수 없다는 것을 직관적으로 안다. 이상하게도 아시아는 예수 그리스도를 자기 부인자로서 안다. 거룩한 인자는 자기 부인하는 사람이다. 내가 '그리스도를 위한 십자군'이라는 단어를 빼어야 한다고 해도 되는가? 내가 진실로 여기서 목적하는 바는 예수 그리스도 흔적의 신약 신학의 빛 아래 그러한 기독교인의 캠페인 심리학을 두는 것이다.

예수 그리스도의 흔적은 우리의 복음주의에서 무엇을 의미하는가? 아시아에서 모든 십자군 사건은 '그리스도의 십자가 신학'과 '그리스도를 위한 십자군 신학' 사이의 비극적 모순을 강조한다. 이 모순이란 아시아인의 영성과 서구 기독교의 영성 사이의 불일치되는 심각한 표식을 나는 양편에서 본다. '그리스도를 위한 십자군 신학'을 직관적으로 감정적으로 거부하는 것은 아시아인들이 그리스도 흔적의 신학에 대해 진정으로 개방성이 있다는 것을 가리키고 있다. 아시아인들은 자기 부인과 흔적이 무엇인지 역사와 경험을 통하여 안다. 성경의 구원 역사는 종교적 캠페인이 아니라 그리스도 흔적의 표식을 가지고 행동하는 것이다.

내가 캠페인을 완전히 반대하는가? 내가 모든 캠페인은 헛되다는 것을 말하는가? 아니다. 나는 단순히 사도적 교회의 상황 안에서(세상과 만물의 찌꺼기) 말하는 것이며, 십자군 정신은 인간의 다재다능함이 '하나님의 시각' 안에서 풍성하게 될 십자가 정신에 의해 세례받아져야 한다. 교회는 십자가 정신이 중심을 차지하며 십자가에 못 박힌 주님을 외치는 한 사도성이 유지된다. '내가 너희 중에서 예수 그리스도와 그의 십자가에 못 박히신 것 외에는 아무것도 알지 아니하기로 작정하였음이라'(고전2:2) 예수 그리스도의 흔적은 그리스도를 위한 어떤 캠페인의 그림자도 희미하게 만들어야 한다. '그리스도를 위한 캠페인', 십자가에 못 박힌 '최고의 흔적이 되는 것'은 일반적인 의미에서 더는 캠페인이 아니거나 십자군이 아닌 '흔적이 된 캠페인'이 될 것이다. '누구든지 나를 따라오려거든 자기를 부인하고 자기 십자가를 지고 나를 따를 것이니라'(마16:24)

우리는 바울의 두 가지 말씀으로 살고 있다: '각 사람은 위에 있는 권세들에게 복종하라 권세는 하나님으로부터 나지 않음이 없나니 모든 권세는 다 하나님께서 정하신 바라'(롬13:1)와 '오직 은밀한 가운데 있는 하나님의 지혜를 말하는 것으로서 곧 감추어졌던 것인데 하나님이 우리의 영광을 위하여 만세 전에 미리 정하신 것이라 이 지혜는 이 세대의 통치자들이 한 사람도 알지 못하였나니 만일 알았더라면 영광의 주를 십자가에 못 박지 아니하였으리라'(고전2:7,8) 우리는 통치자의 권위에 우리 자신을 복종해야만 하나 이 세상의 통치자 누구도 십자가에 못 박힌 예수 그리스도의 비밀을 이해하지 못한다. 이것은 우리가 살아가는 역사적 삶이 '어려운 시기'라는 것이다. 그리고 우리는 교회 역사가 우리에게 말하는 것을 잊지 말자.

종종 교회는 십자가에 못 박힌 주님을 이해하지 못하는 '권세자들' 편에서 편안하게 살았다. 우리가 긴장 가운데 사는 한 단순히 질문만 반복할 수 없다. 우리가 삶의 의미를 발견하는 빛 안에서 진리를 위해 행하고 소리쳐야 한다. 그러나 우리의 행동과 외침은 우리를 위하여 십자가에 못 박히신 분의 영감에 의해 인도돼야만 한다. 나는 복음주의 방법 안에서 만들어진 어떤 적용된 것보다 그 이상의 뭔가를 제안한다. 나는 교회의 사도적 성격의 회복과 갱신을 위하여 필요를 말하고자 한다. 사도적 정신은 본질적이며 근본적으로 십자가 정신이며 십자군 정신이 아니다.

태국 초창기 사역에서 나의 반듯하게 조직화된 기독교 체계가 도전

되었다. 이 쟁점의 요점은 '비기독교 영성' 즉, 내가 신학생이었을 때 사실상 신학적 교본이 아니라고 말했었다. 계발된 폭넓은 사고라고 여겨졌던 나의 정신 체계는 예수 그리스도의 복음의 능력으로 어떻게든 진정한 영성으로 태어나 자라나야 한다고 자답했다. 이 체계는 나에게 태국 불교도의 영성이 영양 부족이었거나 잘못 인도된 것으로 여겨지게 했다. 그것은 나의 관심을 끌었던 기독교와 불교 간 역사와 교리의 차이점에 대한 주제가 아니었다. 그것은 나에게 '영적' 갈등을 주지 않았다.

그러나 나는 불교 영성의 실재 때문에 흔들렸다. 나는 '붓다의 향기'를 가진 불교도라 일컫는 사람들을 알게 되었다. 그들은 붓다에 의해 주어진 이상인 경건, 겸손, 헌신의 삶을 산다. 무엇보다 그들이 가난을 즐기는 그들의 가난과 자유가 나에게 감동을 주었다. 나는 영성을 정의할 수 없다. 이러한 종류의 향기는 바로 인격의 깊이로부터 오는 것이다. 어떻게 불교는 영적으로 아름다운 사람들을 만들어낼 수 있는가? 나는 그것이 기독교인의 독점이라고 생각했었다. 그러나 나는 그리스도인들 가운데 나는 향기(고후2:14)뿐 만 아니라 불교도, 힌두교도, 무슬림교도들 가운데 향기 나는 사람들을 알고 있다. 종종 나는 태국에서 현실적 안정을 꾀하는 정신과 비축 정신을 가진 개신교 선교사들과 주홍색 옷을 입은 승려 간의 비교에 부담을 가진다. 영성으로 볼 때 스님들은 기독교 선교사들보다 그리스도 흔적의 이미지에 더 가까운 것으로 보인다! 그러한 일이 가능한가!

누군가는 불교가 그러한 고귀한 영성을 가졌다는 것이 진실이라고 말하겠지만, 그러한 불교 영성의 기초는 잘못된 것이다. 요약하면, 그것은 영감된 것으로 보이지만 진리 안에서 굽어지고 썩은 영성인데, 왜냐하면 그것은 예수 그리스도의 이름에 근원 하지 않았기 때문이다. 나는 무수히 많은 경우에 이렇게 말하는 것을 들었다. 이것은 강력한 '해답'이다! 이 해답은 우리에게 안정감을 줄 것이다! 그것은 결국 오직 기독교 영성만이 진정한 영성임을 아는 것에 확신하는 것이 아닌가? 그러한 자기 칭송 신학-얼마나 심각하게 이 신학이 교회 안에서 심한 영적 편협성을 갖도록 하는데 책임을 느끼는가!-은 예수 그리스도의 복음 안에서 찾아볼 수 없다.

'사랑은 오래 참고 사랑은 온유하며 시기하지 아니하며 사랑은 자랑하지 아니하며 교만하지 아니하며' (고전13:4) '자랑하는 자는 주안에서 자랑하라' (고전1:31) 십자가에 못 박힌 주님을 자랑하라! 어떻게 사람이 십자군 정신과 십자군적 '해답' 을 가지고 십자가에 못 박힌 주님을 자랑할 수 있는가? 사도적 정신은 자아 칭송 정신이 아니다. 예수님의 이름으로 사나운 것보다는 붓다의 이름으로 자비로운 것이 더 낫다. 유대 신학(아마 유대 관점으로 바른 신학)으로 매 맞은 피해자를 내버려 두는 것보다는 사마리아 신학(아마 유대 관점으로 잘못된 신학)으로 이웃이 되는 것이 더 낫다. '가서 너도 이와 같이 하라' (눅10:37) 만약 사람이 예수님의 이름으로 자비로우면, 만약 도움이 필요한 자에게 이웃이 된다면, 다른 살아있는 믿음을 가진 사람들의 영성에 매우 경멸적인 언사를 확실히 하지 않을 것이다.

'바람이 임의로 불매 네가 그 소리는 들어도 어디서 와서 어디로 가는지 알지 못하나니 성령으로 난 사람도 다 그러하니라' (요3:8) 자기 부인의 호흡은 영성의 바람이다. 영성이 자기 부인을 받아들일 때 향기가 난다. 기독교인 영성은 그리스도의 자기 부인의 흔적으로 살 때 아름답고 확대된다. '심령이 가난한 자는 복이 있나니 천국이 그들의 것

임이요'(마5:3)

승려의 이야기로 돌아가자. 여러분은 내가 자기 부인에 대하여 그의 견해에 동의한 것을 기억한다. 나는 종교가 자기 부인을 하는 사람에게 적용될 때 살아있다고 말했다. 나는 심지어 '이것보다 더 큰 종교가 사람에게 없으며 사람은 그의 친구를 위하여 목숨을 버리는 것이다'라고 말하고 싶다. 종교적 삶은 희생과 자기 부인의 비결을 가지고 사는 것이다.

칼 바르트는 그의 "교회교의학"(Church Dogmatics) 중에서 '회의로서의 종교'라 불리는 한 장에서 이렇게 말을 하였다.

> …종교란 사람이 하나님을 붙잡기 위해 도전하는 것이다. 왜냐하면, 그것은 파악할 수 있어서, 종교는 계시와의 모순, 인간 불신앙의 집약된 표현, 즉 믿음에 직접 반대되는 태도와 활동이다.[9]

종교는 붙잡는 것이다! '종교의 형태'는 '그리스도의 형상'과 모순된다. '종교의 형상'은 '하늘로 높이 쌓은 꼭대기의 탑'이다.

1945년에 이르기까지 절망적인 몇 년의 동안에 '신성한 황제의 일억 자녀들'이 '해가 떠오르는 성스러운 땅'을 옹호했다. 도쿄에 있는 모든 사람은 '이것은 황제의 궁전, 황제의 궁전, 황제의 궁전이다'를 암송했다. 미국인 B29기가 치명적인 폭탄으로 도쿄를 파괴했고, 도쿄는 광야가 되었다. 8월에 핵폭탄이 히로시마와 나가사키에 떨어질 때, 절대적인 신도(Shintoism)라는 사단도 하늘에서부터 번개처럼 떨어졌다. 1946년 1월 1일 황제는 그의 신성을 부인하는 황제 칙서를 발행했다. 잔인한 신도 이교주의의 8년간은 공식적으로 부인되었다. 이런 시기를 지나면서 살았던 나는 바르트가 무엇을 말했는지를 안다. 종교는 붙잡는 것이다!

그러나 이것은 인류의 종교경험에 대한 전체적 그림은 아니다. 종교적 실재는 모호하다. 그것은 사단적이며 천사적인 면의 가능성 둘 다를 포함한다. 거대 역사적 종교들은 수 세기에 걸쳐 '붙잡히지 않는 것'으로 분명하게 상징되어왔다. 그것들은 인간의 욕심에 대해 거부를 반복적으로 가르쳐왔다. 그것들은 사랑과 상호 존경을 통하여 인간 공동체를 세워가는 것을 주장했다. 사실 그것들은 붙잡지 않는 삶을 인도하는 수많은 사람을 양산해왔다. 그러한 사람들은 궁극적 진리를 안에서 믿음을 초월하고 이웃을 위해 사랑을 초월하여 살았다. 간디는 브하주바드 기타(Bhagavad Gita)가 가르치는 무소유(aparigraha)의 이상에 헌신했다.

'종교 형태'는 단순히 '하늘을 향한 꼭대기의 탑'이 아니다. 또한, 그것은 아브라함이 이삭을 드리는 형태이다. 세계의 살아있는 종교 전통의 확실한 부정적인 평가는 이들 종교적인 삶 안에서 자기 부인의 실재를 이해하지 못하는 것으로 기인하는 데 틀림없다. 사람은 자신의 눈썹을 민 종교적 실재를 바라보아야 한다. 기독교 신학과 목회는 지속해서 인간의 종교적 삶을 단지 부정적으로만 보아왔다. 그리스도의 흔적 신학은 우리에게 종교적인 사람의 삶을 조심스럽고 겸손하게 바라볼 것을 요구한다.

5. '들으라, 오…'

자기 부인의 중심적 메시지를 듣는다.
(1) '들으라, 오 이스라엘아…'
(2) '들으라, 오 기독교인들아…'
(3) '들으라, 오 무슬림들아…'
(4) '들으라, 오 힌두교인들아…'
(5) '들으라, 오 불교인들아…'
(6) '들으라, 오 유교인들아…'

내가 이 장에서 표현하고자 하는 것이 거대한 코끼리에 관해 설명하고자 애쓰는 시골 쥐(근시안!)와 같은 느낌을 준다. 그러나 나는 아직도 그것에 도전하고 싶다. 나는 위대한 역사적 종교들의 중심 메시지는 오늘날 살아있는 역사 안에서 심오한 비밀스러운 방식으로 반응하면서 우리 곁에 있다고 믿는다. 역사적이며 영적인 메시지들과 우리 역사 간의 숨겨진 대화에 대한 내 생각은 오늘날 유서 깊은 영적 '말씀'(dharma)의 항구적 가치를 가리키는 것이다.

(1) 이스라엘의 쉐마: 언약의 하나님을 사랑하라는 부르심

이스라엘아 들으라(히브리어로 쉐마) 우리 하나님 여호와는 오직 유일한 여호와이시니 너는 마음을 다하고 뜻을 다하고 힘을 다하여 네 하나님 여호와를 사랑하라(신6:4).

이것은 명령적인 언어이다. 그러나 그것은 그 이상이다. 그것은 언약 관계성 언어이다. 쉐마를 배경으로 한 '나는 너를 애굽 땅, 종 되었던 집에서 인도하여 낸 네 하나님 여호와니라'(출20:2)라는 역사적 기억이 있다. 이런 의미에서 그것은 이스라엘이 경험한 구원 역사를 회상하게 하는 것이다. '하나님은 너를 온 맘과 뜻과 힘을 다하여 사랑했다'('…여호와께서 강한 손과 편 팔과 큰 위엄과 이적과 기사로 우리를 애굽에서 인도하여 내시고…', 신26:8). 그러므로 하나님께서는 이스라엘이 이 쉐마를 기억하고 자신들의 영성과 물질적 번영을 위하여 실천하기를 원하신다.

> 신명기가 전적 복종으로 구원을 얻는 이스라엘을 인도하듯 이 신학적 의미의 말씀인 '율법'으로서 신명기의 법을 잘 이해하기는 불가능하다. 오히려 모든 명령은 여호와를 사랑하고 그에게 매달리는 것만이 명령에 대한 단순한 설명이다(신6:4). 그리고 이 사랑은 이스라엘에 부어졌던 신적 사랑에 대한 이스라엘의 보답이다.[10]

이 쉐마는 인격적인 언약의 하나님을 사랑하라는 부름으로 유대교, 기독교, 이슬람 신도들의 기본적 영성을 형성한다. 그러므로 오늘날 10억 이상의 사람들이 신명기 6장 4절의 한 구절 말씀의 영감을 받고 있다. 나는 하나님의 언약 백성들의 역사적 경험인 쉐마 능력의 비밀에 기반을 두고, 특별히 호세아와 같은 사람들은 언약의 신실한 하나님과 관련되는 백성들의 깊은 인간의 감정을 보았다.[11] 쉐마는 불신앙적인 백성과 언약 관계에 있는 하나님의 고통을 지적한다. 두 가지 역사 속에서 특별하게 뒤엉킨 것을 분리하여-언약적이고 신실한 하나님의 역사와 '주 너의 하나님'을 사랑하지 않는 백성들의 역사—쉐마는 지속적으로 역사 속에서 힘차게 전개되지 않는다. 우리가 두 역사(사실상은 한 역사이다)의 얽힘에서 벗어나려는 부름으로 쉐마를 들을 때, 우리는 하나님의 '자기 부인'의 차원을 볼 수 있게 인도된다! 여기에 '여호와를 사랑하라는 명령에 대한 명쾌한 설명'이 있다. 나는 여러분이 호 11:7-9을 주목하기 바란다. 나는 쉐마 이면에 있는 감동적인 신학적 경험의 임재를 다시 기억하고자 한다.

> 내 백성이 끝끝내 내게서 물러가나니 (함께했던 역사적 언약적 경험에도 불구하고) 비록 그들을 불러 위에 계신 이에게로 돌아 오라 할지라도 일어나는 자가 하나도 없도다 에브라임이여 내가 어찌 너를 놓겠느냐 이스라엘이여 내가 어찌 너를 버리겠느냐 내가 어찌 너를 아드마 같이 놓겠느냐 어찌 너를 스보임같이 두겠느냐

> 그가 사랑으로 행할 때 하나님은 거룩한 하나님으로서 그의 합당한 성격을 틀림없이 표현했다. 그러므로 그는 자기의 백성을 사랑함으로 고통스러웠는데, 그의 백성들과의 언약은 단지 아침 구름이나 쉬 없어지는 이슬 같았다.(6:4) 그 죄에 직면하여 그는 무력감으로 극복한다.[12]

무력한 하나님! 그의 손은 고통스럽게 펴지도 못하고 오므리지도 못한다. 그는 에브라임을 포기해야만 하지만, 그는 에브라임을 포기할 수 없다. 그는 사로잡혔다!

> 나의 마음은 내 안에서 뒷걸음질 친다. (자기 부인!)

나의 열정은 따뜻하고 부드럽게 성장한다. (자기 부인적인 동정 후, 자기 부인에 의해 형성된 깊은 동정)

나는 맹렬한 분노로 하지 않는다. (자기 부인!)

나는 다시는 에브라임을 멸망하지 않을 것이다. (하나님의 자기 부인에 근거한 결정)

왜냐하면, 나는 하나님이요 인간이 아니다. (하나님의 자기 부인의 행동은 '내가 하나님이요 인간이 아니다' 라는 의미를 가리키는 것인가?)

너의 가운데 있는 거룩한 자

(하나님의 자기 부인의 행동은 거룩한 자의 의미를 가리키는 것인가? 이것은 하나님이 자기 부인 안에서 우리의 가운데 있다는 것을 의미하는 것인가? '자기 부인' 의 '가운데' 위치는 신학적으로 말하는 것인가? '강도 둘을 예수와 함께 십자가에 못 박으니 하나는 그의 우편에 하나는 좌편에 있더라' (막15:27).)그리고 나는 멸망시키러 온 것이 아니다.

(구원과 새 역사의 시작은 하나님의 거룩한 자기 부인으로부터 온다!)

이것은 쉐마 능력의 비밀이 아닌가? 그것은 하나님의 살아있는 인격을 가리킨다. 짧은 순간 동안 하나님의 내적 감정은 가장 감동적인 방식으로 나타난다–하나님의 무력감과 자기 부인의 방식! '…너는 주 너의 하나님을 마음을 다하여 목숨을 다하여 힘을 다하여 사랑하라'

(2) 기독교인의 쉐마: 예수 그리스도를 따르라는 부르심

이에 예수께서 제자들에게 이르시되 누구든지 나를 따라오려거든 자기를 부인하고 자기 십자가를 지고 나를 따를 것이니라(마16:24)

기독교인의 쉐마는 자기를 부인하고 자기를 부인한 자를 따라가는 부름이다! 자기 부인은 예수 그리스도로부터 의미를 받는데, 하나님의 사랑이 십자가에 못 박힌 예수를 통하여 확증되었다. '우리가 아직 죄인 되었을 때에 그리스도께서 우리를 위하여 죽으심으로 하나님께서 우리에 대한 자기의 사랑을 확증하셨느니라' (롬5:8)

(3) 이슬람의 쉐마: 하나님 복종에의 부르심

선지자 무함마드(570-632)로 인해 7세기 초에 아라비아 세계에서 시작한 종교적 삶을 이슬람이라고 불렀다. 신앙의 경전인 코란은 신실한 이슬람, 즉 '복종'을 의미하였다. '하나님과 함께한 진정한 종교는 이슬람이다'(꾸란iii, 'The House of Imran'). '오늘 내가 너를 위한 너의 종교를 완성했다 그리고 나는 너의 종교를 위한 이슬람을 승인했다'(꾸란v, 'The Table').

아드한(Adhan, 금요일의 거룩한 예배와 5일간 기도의 부름)은 이슬람 쉐마를 포함한다. : '알라는 가장 위대하다. 알라 외에는 신이 없고 무하마드는 하나님의 사도이다.' 알라 아크 바(알라는 가장 위대하다)는 이슬람 쉐마의 중심이다. 그는 독특한 분이다. 그는 유일하다. 그는 무엇에든 연관되지 않는다. '하나님의 이름으로, 자비하신 분, 긍휼함이 있으신 분: "그는 신이시다. 유일자, 신, 영원한 피난처, 낳지 않았고 낳게 되지도 않았다. 그와 동등한 것은 어느 사람도 없다."(꾸란 cxii, 'Sincere Religion') 그는 인간의 지혜와 이해를 뛰어넘는 지존자이다. 그는 스스로 '한계'가 없다. 그는 백성들에게 '허리를 굽히지' 않는다. 그는 고통당하지 않는다. 그는 결코 '무능력하지' 않다. 그는 고통을 겪지 않는다. 그는 절대로 '무능력' 하지 않다.

모든 하나님의 관계를 하나가 되게 하는 것은 그들에게 하나님의 의지가 전부이다. 의지자로서 그는 묘사된 대로 대대로 인식되어질 것이다. 그러나 그는 본질적으로 누구와 일치하지 않는다. 그의 의지에 의한 행위는 이것 또는 저것의 질과 일치할 수 있을 것이다: 그의 의지 자체는 불가사의하다. 그러므로 사람은 신이 필수불가결하게 모든 관계에서 사랑하고, 거룩하고, 의로운, 관대한 또는 부드럽다고 말할 수 없다.13)

이슬람은 그러한 알라와 그러한 인간과의 만남이다.14)

알라신과 인간의 관계는 복종이다. 인간은 알라신께 노예이다. 만약 당신이 '알라께 복종' (무슬림)한다면 너는 알라의 법을 준수해야 한다.

가난의 두려움 때문에 너의 자녀들을 살해하지 말라; 우리는 너와 그들을 위해 공급할 것이다; 확실히 그들을 살해하는 것은 통탄할 죄이다. 간음하지 말라; 확실히 그것은 상스럽고 악한 짓이다. 옳은 일을 제외하고 신이 금지한 영혼을 죽이지 말라. 누구든지 부당하게 살해당하면, 우리는 그의 가장 가까운 일가 사람에게 권위를 임명한다. 그러나 그에게 살해에 대해 월권행위는 못 하게 한다. 그는 도움을 받게 된다. 그리고 아주 공정한 태도로 나이가 들 때까지 고아의 재산을 탈취하지 말라, 그리고 언약을 성취하라; 확실히 언약은 의문시될 것이다. 네가 헤아릴 때 헤아림을 채우고 공평한 저울로 달라; 그것은 그 문제에 더 좋고 더 공평하다. 네가 모르는 것을 추구하지 말라; 듣는 것, 보는 것, 마음-이 모든 것을 의심해봐야 한다. 지상에서 의기양양하게 걷지 말라; 확실히 너는 이 지상에서 드러나게 눈물을 흘리지도 말고 산들의 정상에 오르지 말라. 모든 것은-가장 사악한 것은 주의 눈앞에 미워하는 것이다 (꾸란 xvii, 'The Night Journey')

무슬림으로서 이것들을 행하라! 왜냐하면, 너는 무슬림이기 때문이다. '지상에서 의기양양하게 걷지 마라!' 너는 큰 존재가 아니다! 오직 알라는 위대하다!, '알라께 복종하는 것'이 자기를 부인하는 이슬람의 쉐마이다.

(4) 힌두 쉐마: 무욕 실천에의 부르심

나는 브하가브아드기타(Bhagavadgita)로부터 몇 구절을 인용하겠다. 이 책은 수 세기를 통하여 광범위한 영적 영향력을 미쳐왔고 국가 위기 시에 간디의 정신으로 우리의 세기에 꽃을 피웠다.

병이 없는 그는 친절하고 동정심이 있고 이기주의와 자아 감각에서 자유롭고, 고통 가운데 평정하고 기쁨과 인내가 있다.
바랄 것이 없는 그는 순결하고, 행동 전략이 있고, 냉정하고, 문제가 없다. 그는 (행동에) 모든 주도적인 것을 포기한, 나의 귀의자이며, 그는 나에게 소중하다.[15]

나는 '이기주의와 자아감'으로부터의 자유의 부르심과 인간 행위에 열매를 얻으리라는 기대에 분명한 포기의 부르심이 힌두 세계의 핵심 메시지라고 이해한다. 인간은 행위에 대한 열매의 '기대'로부터 자유로울 때 자유롭다. 무욕의 행동을 하는 사람은 '순전하다.' 나는 대학에서 강의하고 있다. 나는 내가 받아야 할 월급을 생각하지 않는가? 나는 차고에 있는 차에 윤활유를 치고 있다. 나는 이 노동으로부터 내 수입을 생각하지 않는가? 나는 내 자녀를 돌보고 있다. 내가 은퇴한 후에 그들이 언젠가 나를 도와줄 것을 생각하지 않는가? 나는 회사에서 열심히 일하고 있다. 나는 승진을 생각하지 않는가? 나는 하나님을 믿고 있다. 나는 내가 언젠가 천국에 가리라고 생각하지 않는가? 나는 내 이웃을 사랑한다. 나는 이웃이 나를 사랑할 것이고 보답으로 도와줄 것으로 생각하지 않는가? 나는 고상한 이유를 위해 나의 삶을 바치고 있다. 나는 어떤 방식으로든 내가 행한 좋은 점으로 인해 그것이 돌아오리라고 생각하지 않는가?

도대체 이 세상에서 나는 행동의 이익을 생각하지 않고 어떤 것을 할 수 있는가? 어떻게 내가 '얻는 것'과 상관없이 '하는 것'을 이해하는가? 내가 '하는 것'과 '얻는 것'이 정신과 영혼에 분리되지 않을 수 있는가? 어떻게 내가 행위로 인한 이익을 포기할 수 있는가? '…묵상보다 나은 것은 행위로 인한 이익의 포기이다: 포기는 즉각적으로 평화가(따른다)'(xii,v.12). 브하가브아드기타는 사람이 행한 것에 대해 대가를 포기할 때, 즉시 '평화'를 얻는다고 말한다. '나는 의무를 다한다, 그것이 전부이다. 더는 없다!'

> 명한 대로 하였다고 종에게 감사하겠느냐 이와 같이 너희도 명령받은 것을 다 행한 후에 이르기를 '우리는 무익한 종이라 우리가 하여야 할 일을 한 것뿐이라' 할지니라(눅17:9,10)

진실한 행위는 진실한 이득을 가져와야 한다. 그러나 내가 '하는 것'은 항상 '내가 얻는 것 때문에 하는 것'이며, 그렇게 내가 '하는 것'은 나의 문명을 위협할 것이다. 나는 간디가 '얻는 것'에 상관없이 '하는 것'은 자유로 비폭력 세계의 모퉁이 돌이 되었다는 데에 동의하지 않을 수 없다. 이 메시지는 매우 관련성이 있는데, 왜냐하면 오늘날 우리 세계에 '내가 얻기 위하여 내가 한다'는 것이 지나치게 지속적이고 결정적이기 때문이다.

힌두 '쉐마'는 '무욕 행동'(niskamakarma)에 대한 부르심이다. 욕망적인 행위는 인간 공동체의 평화를 파멸시키는 자기 확장이다. 욕망이 없는 것은 자아가 없는 것이기 때문에 '순수'하다. 자아 없는 행위로부터 비폭력(ahimsa) 세계의 가능성이 있다. 인류에게 아힘사의 실재보다 오늘날 더 필요한 어떤 것이 있는가? 자기 부인은 폭력의 부인이다.

(5) 불교도의 쉐마: 욕망의 소멸을 위한 부르심

불교도의 쉐마가 여기에 있다:

오 승려들이여, 무엇이 지금 고통에 대한 고상한 진리인가? 출생은 고통이고 늙음이 고통이고, 죽임이 고통, 슬픔, 비탄, 아픔, 애통이고, 그리고 절망은 고통이다.
오 승려들이여, 무엇이 고통의 근원의 고상한 진리인가? 욕망은 새로운 재탄생하고, 기쁨과 욕망으로 약동하고 여기저기 신선한 기쁨을 발견한다.
오 승려들이여, 무엇이 고통을 소멸하는 고상한 진리인가? 그것은 완전히 없어지고 열망의 소멸이고, 그것의 갈망과 포기, 해방과 초연이다.
오 승려들이여, 무엇이 고통의 소멸을 인도하는 길의 고상한 진리는 무엇인가? 그것은 팔정도(八正道)라고 한다:정견(正見) · 정시유(正思惟) · 정어(正語) · 정업(正業) · 정명(正命) · 정념(正念) · 정정진(正精進) · 정정(正定)

사성제(四聖諦)는 깨달은 자, 고타마 붓다가 베나레스 밖의 녹야원에서 설법했던 것으로부터 출발 되었다. 전통에 의하면 금욕적인 묵상으로 6년간(29세부터 35세까지)을 보낸 고타마의 선포를 우위에 둔다. 내가 보았던 가장 감동적인 조각상 중의 하나는 방콕 마블 사찰의 안마당에 있는 묵상 자세의 굶주린 금욕적인 고타마이다. 이 이미지는 자기부인의 충격적인 상징이다.

사성제는 고통의 진리로부터 고통의 원인으로, 그다음 고통의 사멸과 마침내 고통의 사멸을 인도하는 길로 발전된다. 그것은 인간 고통의 의문 자체에 집중한다. 고통 하는 신은 없다. 단지 인간만이 고통 한다. 그리고 인간은 스스로 고통을 만든다. 신들과 하나님에 대해 사고는 유익하지 않는데, 그것들은 인간이 스스로 바라보는 데 방해되고 인간 스스로 고통을 만든다. 인간이 그 자신의 존재에 대하여 말할 때, 진실로 고통에 대하여 말하는 것이다:'출생은 고통이다.' 존재가 시작하는 것은 고통이 시작하는 것이다. 이것은 말하기엔 극단적인 일이 아닌가? 이것은 심하게 염세적이지 않은가?

고통에 대한 진리와 고통의 기원 사이의 관계는 태국 승려 부다하다사 바히크후(Buddhadasa Bhikkhu)의 관점으로 설명될 수 있다:

출생은 고통이 아니고, 늙음은 고통이 아니고, 죽음은 고통이 아니라면 '나의' 출생, '나의' 늙음, '나의' 죽음에 매달리는 것이 소용없다. 그 순간, 우리는 생로병사(生老病死)가 '나의 것'으로 여겨질 때 매달린다. 우리가 매달리지 않으면, 고통이 없다; 그것들은 단지 몸의 변화이다. 몸이 변화하여 우리는 그것을 생(生)이라 부르고 몸이 변화하여 우리는 그것을 노(老)라 부르고 몸이 변하여 우리는 그것을 사(死)라고 부른다. 그러나 우리는 단순히 몸의 변화로서 보기에 실패한다. 우리는 그것을 실제적 탄생으로 보고 더 나아가 우리는 '나의' 생(生), '나의' 노(老), '나의' 사(死)라고 부른다. 이것은 심층적 망상인데 왜냐하면 '나'라는 출발부터가 망상이다; 그래서 '나'의 출생 또는 '나의' 늙음으로 몸의 변화를 보는 것은 아직 심도 있는 망상이다. 우리는 이것들이 단순의 몸의 변화라는 것을 보지 못한다. 지금 우리 당장 우리가 이것들을 몸의 변화, 생, 로, 사로 보는 순간 '나'는 동시에 사라진다. 더 이상 '나'가 아니다; 그리고 이 상태는 고통이 없다.16)

나는 누군가가 내 피자를 먹었기 때문에 고통 한다. 이 문장으로부터 '나'와 '나의' 것을 제거하라, 그다음 너는 니르바나, 평온 가운데 있다. 고통(dukkha)를 만드는 것은 욕심(tanha)이다. 나의 '나'는 큰 '나'이다. 그것은 나의 '나'와 나의 욕망이 있는 관계이다. 큰 '나'는 '나의' 큰 피자를 먹을 것을 원한다. 누군가가 '나의' 큰 피자를 먹을 때, 나는 '속으로' 그리고 '너무나' 고통스럽다.

불교에서 이상적인 사람은 아무것도 매달리지 않는 사람, '나'로부터 자유로운 사람, 도를 통하여 자신을 부인하는 사람이다. 태국인들 가운데 인기 있는 태국 시가 있다:

미는 죽은 몸에서 발견되는 것이다.
선은 아무것도 연연하지 않는 데서 발견되는 것이다.
승려는 인간의 인식에서 발견되는 것이다.
니르바나는 죽음 선 죽음 안에서 발견되는 것이다.

너의 욕심-고통(tanha-dukka) 중상을 소멸하라! 네가 이것을 행할 때 구원받을 것이다. 너 자신과의 탐욕적인 관계는 너의 고통의 원인이다. '만약 누구든지 붓다를 따르려면, 그가 그의 "자아"…를 소멸시키라'

　　보살(Bodhisattva, '존재'-sattva, '계몽'을 위해 운명 지워진, 부처애-bodhi)의 개념은 대승불교(Mahayana) 불자 종교 생활의 위대한 역사의 뛰어난 면 중의 하나이다. 보살은 많은 실존 전에 헌신했던 존재들이고 무수한 공적을 쌓아 왔다. 그들이 관여하는 한, 이생에서의 유혹과 덫에 자유롭다. 만약 그들이 그렇게 바란다면, 그들은 마지막 해방의 니르바나에 이를 수 있다. 그러나 그들의 관심은 자신의 구원에 있지 않고 모든 감각 있는 존재의 구원에 있다. 그들은 니르바나에 들어가는 것을 미루고 사람들의 필요에 완전히 동일화되어 모두를 구원하기 위해 일한다. 그들은 모든 존재의 안녕과 완전한 행복을 위해 자신을 바친다. 붓다는 보살의 최고자로서 여겨진다.

　　영겁을 위한
　　세상의 영광스러운 자는 수행하였다.
　　노력으로 덕의 모든 방식을
　　우리 인간에게 유익을 가져오기 위하여
　　하늘의 존재, 그리고 용의 왕들,
　　우주적으로 모든 살아있는 존재

그는 포기하기 어려운 모든 것을 포기했다.

그의 보물, 아내 그리고 자녀

그의 나라와 그의 왕궁.

그의 소유물로서의 그의 인격의 혹독함

그는 자기의 머리, 눈, 두뇌 모든 것을 주었다.

빈민구호로서 백성들에게

붓다의 순결한 가르침을 지키기 위하여

그는 어떤 해로운 것도 하지 않았다.

심지어 그의 삶을 희생해서라도

그는 화내지 않았다.

비록 검과 지팡이로 맞을지라도

또는 저주와 남용될지라도

그는 지치지 않았다.

비록 오랜 노력일지라도

  (1장. 무한한 의미의 연꽃 수트라)

붓다, 자기 부인하는 자, 이타주의자, 모든 것을 주는 자는 대승불교 전통의 변함없는 영감의 원천이다. 붓다의 선은 그의 완전한 애착 없음에 기초한다. '만약 누구든지 붓다를 따르려면, 다른 사람들의 유익을 위하여 그 자신을 주는 보살이 되는 것이다….'

(6) 유교 쉐마 : 인(仁), 최고의 덕으로서의 부르심

공자(B.C. 552-479)의 논어는 이틀 만에 읽을 수 있다. 단편적인 교훈으로 된 조그만 고대 책이 중국인들과 중국의 문명화에 관련된 누구에게나 그러한 거대한 영적 영향력을 미칠 수 있다는 것이 놀랍다. 공자의 말씀 중심은 인(仁)이다. 논어에는 인(仁)에 대한 논의로 된 58자가 있고 인(仁) 단어가 모두 105번 나타난다. 그러나 모든 인과 관련된 말은 인에 도달하기 위한 모든 방식을 언급하고 공자는 인 자체 또는 인의 본질에 대해서는 침묵하다. 그는 다양한 방향으로 인을 지적한다. 그러나 그는 그것의 본질을 분석하지 않는다. 그는 자기 손안에 그것을 소유하지 않는다. 대신 그는 인을 파악하게 한다(마치 악마가 소크라테스에게 말했던 것처럼), 그가 직접 말하지 않는 인(仁) -인(仁) 이 그를 붙잡고 있다-은 신비한 힘으로 논어를 읽는 독자들에게 감동을 준다.

중궁(Chung-kung)은 완전한 덕(인-사랑, 자비, 긍휼, 인간성, 덕, 애정, 자비, 친절한 마음, 은혜, 너그러움, 동정, 사려, 선, 좋은 의지, 친절)에 관하여 물었다. 사부는 그것은 네가 밖에 나갈 때, 마치 네가 귀한 손님을 받는 것처럼 모든 사람에게 행하는 것이다. 마치 네가 굉장한 희생으로 돕는 것처럼 사람들을 고용하는 것이다. 마치 너는 너 자신에게 하지 않기를 원하는 것처럼 다른 사람에게 하지 않는 것이다. 나라 안에서 그리고 가정 안에서 너로 인해 불편함이 없게 하는 것이다(12편 2장).

인을 가르치는 주요한 인물 중의 한 사람은 위의 인용에 언급된 호혜주의(shu, 다른 사람들에 대해 배려, 용서, 호혜주의)의 원리로 보았다. 여기에 유교의 쉐마가 있다.

자공(Tsze-kung)이 물었고 '한 단어로 모든 인간의 삶의 실천규칙으로서 표현되는 것이 있는가?' 스승은 '그러한 한 단어로써 성(誠)이 아닌가? 너는 너 자신이 원하지 않는 것은 다른 사람들에게 하지 말라' (15편 24장)

성(誠)를 기억하라. 성(誠)을 실천하라. 실천이 어려운가? 예. 자공은 "사람들이 나에게 하지 않기 원하는 것을 나도 하지 않는다"고 말했다. 이것이 인(仁)의 도이다. 인의 실천안에서 인간은 덕(德)이 된다. 그는 진실로 교육되고 덕스러운 사람이 될 것이다. 그는 인(仁)으로 산다. 그는 인(仁)의 빛 안에서 산다. 그는 새 사람이다. 그는 새 창조물이다. '스승은 "만약 뜻이 덕(인)에 세워질 것이면 악한 실천이 안 될 것이다"'(4편 4장)

유교 쉐마의 능력의 비밀이라 할 수 있는 지혜로우며 진실하고 관통하는 공자의 단어가 없다. 다시 그것은 성(誠)의 실천에 그의 인격의 전체성-마음을 다하고 정신을 다 하고 힘을 다하는-에 놓인 무용담의 이미지이다. 그는 국가적인 삶과 마찬가지로 개인적인 삶에서도 인(仁)의 나라의 출현에 희망을 품고 살았다. 그는 인(仁)의 약속 안에서 살았다. '군자는 말하기를 "덕(인)은 요원한 일인가? 나는 덕스럽기 원한다. 그리고 보라! 덕(인)은 간접적이다."(7편 29장). '군자가 완전히 자유 할 4가지가 있다. 그는 미리 결론짓는 것이 아니고 마음대로 예정되는 것도 아니고 완고함도 아니고. 자아 중심주의도 아니다.'(9편 4장)

'만약 누구든지 공자를 따른다면, 그는 호혜주의의 원리를 실천하게 하라…' 인(仁)의 나라의 약속을 믿는 것과 성(誠)의 도를 통한 세계로 사람을 안내하는 것은 자기 부인의 유교적 방식이다.

나는 다음과 같이 6가지 쉐마를 특징적으로 구분한다.

(1) 이스라엘의 쉐마

언약의 하나님은 언약 관계에 신실하지 못한 인간을 찾는다. 이렇게 찾는 것은 하나님이 자기 부인을 하는 것이다.

(2) 기독교 쉐마

예수 그리스도는 그 자신을 낮추고 비웠다. 그는 '많은 사람'을 위해 십자가에 못 박혔다. '자기를 부인하라. 십자가를 지고 나를 따르라.'

(3) 이슬람 쉐마

알라는 위대하다. 그러므로 인간은 위대하지 않다. 인간은 종이다. 그는 자비롭고 자애로운 자의 법에 복종해야(무슬림) 한다.

(4) 힌두교 쉐마

행동에 근거한 욕망은 뿌리 뽑혀야(부인되어야) 한다. 아힘사는 무욕의 행동으로 다가온다.

(5) 불교 쉐마

욕심(tanha)을 버리면(부인하면), 고통(dukkha)은 그칠 것이다. 자아 헌신과 자기 부인의 보살을 따르라!

(6) 유교 쉐마

호혜주의(자아 중심성을 부인하라)의 신성한 의무를 준수하라. 인(仁)의 나라가 머지않다.

6. 쉐마 백성과 예수 그리스도

'내가 당신의 영으로부터 떠나 어디로 갈 것인가?'
쉐마는 궁극적인 언어로 말한다. '…그러나 후에 그는 회개했고 갔다.'
불교도는 '예수가 주시라' 또는 '예수는 저주받았다'라고 말하지 않는다.
'예수께서 그를 보시고 사랑하사'

오늘날 우리에게 널리 퍼져있는 영적 불안을 느끼는 내면의 감각이
존재한다. 우리는 교육받았다. 우리는 현대적이다 우리는 과학적이다.
우리는 정치조직과 경제 조직에서 적지 않은 경험을 하고 있다. 우리는
민족적 역사 속에서 교육되었고, 우리 자신의 나라에 대한 역사적 위치
를 인식하고 있다. 하지만 우리는 모든 진일보한 이해력에도 불구하고
붕괴하는 자아 인식을 발견한다. 우리의 존재는 위협당한다. 우리의 소
통이 좌절된다. 가치에 대한 우리의 감각은 절름발이이다.

우리는 인류에게 영적 위기인 시대에 살고 있다고 스스로 느낀다.
나는 오늘날 우리가 어디에 있으며 왜 존재하는지에 대해 만족할만한
해명을 해줄 누군가가 우리 중에 있다고 생각하지 않는다. 여하튼 우리
는 스스로 자신이 비극의 근원이라고 느낀다. 우리는 인간의 영이 인간
에게 비극을 가져왔으며 동시에 영광을 가져온다는 것을 인식한다. 우
리의 영은 두 가지 위대한 가능성에 마주한다. 인간의 비극과 인간의
영광이다.

내가 오늘 하늘과 땅을 불러 너희에게 증거를 삼노라 내가 생명과 사망과 복과 저주를 네 앞에 두었은즉 너와 네 자손이 살기 위하여 생명을 택하고 네 하나님 여호와를 사랑하고 그의 말씀을 청종하며 또 그를 의지하라 그는 네 생명이시요 네 장수이시니 여호와께서 네 조상 아브라함과 이삭과 야곱에게 주리라고 맹세하신 땅에 네가 거주하리라(신30:19,20)

우리의 영은 역사적 진공 안에서 생명력이 없다. 오늘날 이 행성 어디든지 가는 곳마다 우리는 서양 문명의 강력한 영향 아래에 있다. 그것은 종종 과학-기술적 문명화 또는 단순히 근대화라고 불린다. 우리의 일상 경험은 최근의 문명화가 인류 역사의 수평선 위에 나타났던 가장 강력하고도 가장 보편적인 문명화인 것을 뒷받침하고 있다.

서구 문명화는 강력한 영적 운동이다. 그것은 종종 서구 문명화가 세속주의라고 불리는 세계관으로 발전된 것이라고 지목되었다. 세속주의는 '반(反)영성'으로 정의된다. '세속의(secular)'의 반의어는 '영적(spiritual)'으로 생각된다. 그러나 세속주의는 영적 지향의 한 형태이다. 그것은 인간 영적 에너지가 '이 세상'(saecularis의 의미는 '세상적,' '임시적')을 향하여 방향 짓는 세계관이다. 인간은 불가피하게 영적이다. 영적 가치를 느끼는 것은 바로 인간의 영이다. 인간의 영은 다시 영적 가치를 거부한다. 인간의 영이 이러한 일들을 한 이래로, 모든 인류의 가치는 영적 가치의 불가피한 차원을 가지고 있다. '하나님은 영이다'(요4:24)는 '인간은 영이다'를 의미한다. '내가 주의 영을 떠나 어디로 가며 주의 앞에서 어디로 피하리이까 내가 하늘에 올라갈지라도 거기 계시며 스올에 내 자리를 펼지라도 거기 계시니이다'(시139:7.8)

막스와 엥겔스의 '공산당 선언'(1948년 1월)은 경제 분석 담론이 단순하지 않다. 그것은 사회적 약탈의 영에 반대한 인간 영의 폭발이다. 그것은 인간 영의 파멸과 동경에 대한 선언의 의미를 담고 있다. 그 선언서의 사상을 추종하는 마오쩌둥은 경제적 이론가라기보다 이야기꾼이다. 그의 이야기 언어는 중국인 대중의 영에 감동을 주었다. 그러한 이야기를 인용하면 다음과 같다.

> 레지스탕스에 속한 전쟁에 승리의 열매를 누구에게 줄 것인가? 그것은 매우 명백하다. 복숭아나무의 예시를 보자, 나무가 복숭아를 생산할 때, 그것들은 승리의 열매이다. 누가 복숭아를 딸 자격을 주는가? 누가 그 나무를 심었고 물을 주었는지 물어보라. 그 산에서 쭈그리고 있는 치앙 카이섹(Chiang Kai-shek)은 물 한 통을 들지 않는다, 그리고 아직 그는 복숭아를 따기 위하여 그의 손을 뻗치고 있다. '나 치앙 카이섹은 이 복숭아의 주인이다' 그는 말하기를 '나는 그 땅의 주인이고 너희들은 나의 종이다. 그리고 나는 너희에게 어떤 것도 따도록 허락하지 않겠다' 우리는 그를 신문에서 반박했다. 우리는 말하길 '너는 어떤 물도 가져오지 않았고, 그래서 복숭아를 딸 권리가 없다. 해방된 지역의 사람들은 그 나무에 허구한 날 물을 주었고 열매를 모을 최상의 권리가 있다.' [17]

국민당과 공산당 사이의 심각한 시민적 갈등을 중국 대중의 영적 감성을 말하는 단순한 이야기로 예리한 초점으로 끌어들인다. 마오는 자신의 방법으로 '너는 도적질하지 말지니라' 라고 말한다. '너는 도적질하지 말지니라' 는 영적 메시지와 같이 혁명적이다.

남아프리카 지역의 인종차별정책은 '영적' 운동이다. 말하자면 그것은 잘못된 인간의 영으로부터 왔다. 만약 그것이 잘못 인도된 영의 운동이 아니라면 그것은 바로 잡기가 더 쉬울 것이다. 퀸즈랜드 주의 '1965년의 원주민과 토레스 해협 섬 주민의 문제 법령'(이 법령은 아직도 그 주의 현재 관행에 기초이다)에 대한 오스트레일리아인의 교회연합이 만든 비평적 해설 가운데 다음과 같은 언급을 발견한다:

제 I 장, 31항: '법률' 하의 원주민들이 그들의 통장으로부터 돈을 인출하는 승낙이 요청되었기 때문에, 그 분과는 전체 잔고가 은행 시스템에 남아있다는 것을 보증할 수 있다. 장기간의 높은 이율의 대출로 이것에 투자하고 은행 이율을 지급한 후에 높은 이익(1969년 /70년에 21,000.00달러)을 만든다. 이것은 모든 은행에서 사용하는 동일한 시스템인데 한 가지 기본적인 차이점이 있다.–여러분은 자신이 원하는 곳 어느 은행에서든지 돈을 인출할 수 있다. 무엇이 이 기금을 사용하는 것으로부터 나온 돈인가? 일부분은 코말코 주식을 사는 데 소비했고, 어떤 것들은 체르부로그 유지의 훈련학교에 사용했다–두 가지는 원주민에 대한 정부 배려의 증거로 널리 공개되었다. 어떤 언론도 이 배려가 원주민의 돈으로 된 것을 언급하지 않았다.

그러한 과정은 탐욕적 영성으로부터 온다. 그런 의미에서 그것은 파괴적인 '영성' 운동이다. 만약 그것이 탐욕적 영성에 기원하지 않는다면, 그것은 미리 조정되어야 했다.

내 생각에 쉐마는 우리가 불안한 인간 영성으로 현재 시대를 이해하며 살기를 노력할 때 아주 중요하다. 우리는 전통에서 근대로 전환하는 시점에 살고 있다. 이 전환의 시점에, 대중적으로 잘못 인도되는 영성, 불결한 영성의 역사를 보고 있다. 쉐마는 탐욕적 영성을 거부한다. 그것은 도둑질과 사기를 거부한다.

쉐마는 인간 영성의 역사적 경험에서 기원 되었다. 쉐마의 의미가 인류의 도덕과 인식의 경험적 배경에 반하는 것은 이미 파악된 것이다. 쉐마는 우리에게 말하고 우리를 위하여 말한다. 그것은 인간적이고 공동체적인 통합을 회복하는 또 다른 새로운 가능성을 가리킨다. 가치의 거부, 즉 우리를 위해 가리키기를 노력하는 쉐마는 오늘날 비극적인 세상 상황을 위한 가장 근본적이 원인 중의 하나가 되어야 한다.

우리는 쉐마의 메시지를 무시할 수 있다. 그러나 만약 우리가 그렇게 한다면 어쨌든 우리는 자신을 해치게 될 것이다. 나는 왜 그것이 이 방법인지 알기를 요구하지 않는다. 그것은 우리에게 파악되는 미스터리임이 틀림없다. 지난 20년 전 국민총생산 증가에 매진한 일본은 동남아시아에 있는 나라들과의 관계에서 쉐마의 소리를 무시하고 침묵해 왔고, 지금 그 지역 국민의 가혹한 심판하에 있다. 오스트레일리아인은 원주민들을 불공평하게 대우했기 때문에 영적 삶에 고통받고 있다. 사람은 자신이 심각한 상처를 입지 않고 이러한 역사적 쉐마를 무시할 수 없다.

쉐마는 '극단적' 언어로 말한다. '네 마음의 70% 정도로 하나님을 사랑하라' 라는 것은 매우 충분하다! 이와 반대로, 쉐마는 하나님에 대한 완전한 '극단적' 헌신을 요구한다. '…마음을 다하고 뜻을 다하고, 힘을 다하여' '너 자신을 부인하고 십자가를 지고 나를 따르라' 는 말은 극단적인 일이다. 진실로 어려운 말이다! 사람이 본질적으로 책무를 거부하는 것 또한 극단적인 메시지이다. 그 제안은 생명 욕구의 제거와 완전한 호혜주의로서 '내가 얻는다' 로부터 '내가 한다' 로 분리하는 것과 같다.

쉐마의 궁극적인 특성은 이상하게도 파괴적이지 않고 창조적이며,

속이지 않고 진실하다. 언어는 자기 과장의 영에 대항하여 말하려고 할 때 극단적으로 된다. 각 쉐마는 욕심과 자기 과장의 태도라기보다는 역사적으로 인류를 위한 더욱 의미 있고 희망적인 영적 자세로서 자기 절제, 자아 통제, 자기 부인으로서 나타난다. 그것들은 극단적이지만 매력적이다. 비록 그것들이 모두 없어지고 사라져 버린 것처럼 보일지라도 우리와 함께 존재한다. 그것들은 핵에너지와 군비 확장에 천문학적으로 소비하는 세상에서 허튼소리처럼 들리지만, 심지어 핵에너지가 사람의 인간적인 면을 억압하려 해도 궁극적인 인간성 가치의 언어로 말할 수 있다. 우리 시대에 특징짓는 한 방법으로써 쉐마의 소리는 사도의 영적 정체성에 기초한 강력하고 모순적인 문장에서 인용된다.

> 영광과 욕됨으로 그러했으며 악한 이름과 아름다운 이름으로 그러했느니라 우리는 속이는 자 같으나 참되고 무명한 자 같으나 유명한 자요 죽은 자 같으나 보라 우리가 살아있고 징계를 받는 자 같으나 죽임을 당하지 아니하고 근심하는 자 같으나 항상 기뻐하고 가난한 자 같으나 많은 사람을 부요하게 하고 아무것도 없는 자 같으나 모든 것을 가진 자로다(고후6:8-10)

예수 그리스도는 이 세상-순결한 영과 더러운 영의 세상, 전통에서 근대로 급격히 변화를 경험하는 세상, 인간이 불가피하게 위대한 역사적 쉐마에 의해 대면하는 세상-의 한가운데(호11:9) 서 있다. 그의 손은 고통스럽게 펴지지도 않고 오므려지지도 않는다.

> 예수께서 길에 나가실새 한 사람이 달려와서 꿇어앉아 묻자오되 선한 선생님이여 내가 무엇을 하여야 영생을 얻으리이까 예수께서 이

르시되 네가 어찌하여 나를 선하다 일컫느냐 하나님 한 분 외에는 선한 이가 없느니라 네가 계명을 아나니 살인하지 말라, 간음하지 말라, 도둑질하지 말라, 거짓 증언하지 말라, 속여 빼앗지 말라, 네 부모를 공경하라 하였느니라 그가 여짜오되 선생님이여 이것은 내가 어려서부터 다 지켰나이다 예수께서 그를 보시고 사랑하사 이르시되 네게 아직도 한 가지 부족한 것이 있으니 가서 네게 있는 것을 다 팔아 가난한 자들에게 주라 그리하면 하늘에서 보화가 네게 있으리라 그리고 와서 나를 따르라 하시니 그 사람은 재물이 많은 고로 이 말씀으로 인하여 슬픈 기색을 띠고 근심하며 가니라(막10:17-22, 참조 마19:16-22, 눅18:18-23).

불교도의 쉐마와 이슬람교도의 쉐마에 대해 누구도 신약성경에서 분명한 지리적이고 연대기적인 이유로 '달려와서 그 앞에 무릎 꿇지 않는다.' 여기 이스라엘의 쉐마의 전통에 속했던 사람은 예수님 자신에 속했었고 예수님께로 왔다. 그의 질문은 아주 경건한 신앙심 깊은 사람의 입에서만 나오는 것이었다. 그것은 '영생을 얻는 것' 에 대한 것이었다. 그는 '그 앞에 무릎을 꿇었다.' 그리고 '궁극적 관심'(틸리히의 표현을 사용하여)에 관한 질문을 하였다. 예수님은 그에게 십계명을 인용하여 대답하였다. 그 사람은 대답하였다. '선생님이여 이것은 내가 어려서부터 다 지켰나이다.' 이 무릎 꿇은 사람이 교만한 것인가? 우리는 편안하게 '신학적' 거리를 두고 드라마를 보듯이, 그것은 사실이 아니라고 우리의 신학은 즉각적으로 '어떻게 누군가가 모든 이들 계명을 지키는 것이 가능한 것인가! 거룩한 하나님의 시각에서 우리는 신적 계명의 모든 위배자이다' 라고 외치거나 웅얼거릴 것이다.

'예수께서 그를 보시고 사랑하사' 예수님은 그를 존중하였고 계명에 대한 그의 헌신과 실천을 인식하였다. 예수는 그와 그의 신실을 받아들였다. 우리는 그를 거부할 것인가? 나는 같은 방식으로 쉐마에 대해 수많은 사람이 신실하게 예수님께 대답할 수 있다고 믿는다. 불교도 쉐마의 사람들은 그들의 역사적 상황 안에서 유사한 계명을 알고 있다. '너는 그 계명을 알고 있다; 파괴하는 삶으로부터의 회피, 주어지지 않는 취함으로부터의 절제, 부정으로부터의 절제, 거짓말로부터의 절제, 독주로부터의 절제', '선생님이여 이것은 내가 어려서부터 다 지켰나이다!'

'내가 율법이나 선지자를 폐하러 온 줄로 생각하지 말라 폐하러 온 것이 아니요 완전하게 하려 함이라'(마5:17) 예수님은 '파괴하는 삶으로부터의 회피, 주어지지 않은 것을 취하는 것의 절제, 부정으로부터의 절제, 거짓말로부터의 절제, 독주로부터의 절제'를 폐하러 온 것이 아니라 '그것들을 완성하려는 것이다.' 그는 아힘사와 선의 이상을 파괴하러 온 것이 아니라 '그것들을 완성하려는 것이다' 그 쉐마는 인간의 욕심과 반대된다.

나는 다음과 같이 말할 수 있다; '예수님은 욕심으로부터 자유로운 삶을 사는 사람, 탐욕적 권력에 대항하는 사람(엡6:12)을 사랑한다고 생각한다.' 사랑을 가지고 '그는 그에게 말하길 "너는 한 가지 부족하다…"고 지적했다. 한 가지! '가서 네가 가지고 있는 것을 팔아 가난한 자에게 나눠주고 너는 하늘에 보물을 가지라' 다시금 나는 이 부름에 신실하게 응답하는 수 세기에 걸친 쉐마의 많은 사람이 있다고 믿는다: '선생님이여 나는 이것을 다 행하였나이다!' 예수님이 그것들을 사랑하는 그들을 바라보지 않았더라면! 그러나 이것은 이 이야기의 끝이 아니다. 네 어절이 더 있다 '…그리고 와서 나를 따르라.'

여기서 '나' 는 누구인가? 오늘날 그는 쉐마 가운데 이 세상 어디에 있는가? 그는 오늘날 살아있는가? 그는 우리의 역사 속에서 행하는가? 그는 다양한 살아있는 쉐마의 전통에 속한 우리에게 오고 있는가?

> 어떤 율법 교사가 일어나 예수를 시험하여 이르되 선생님 내가 무엇을 하여야 영생을 얻으리이까 예수께서 이르시되 율법에 무엇이라 기록되었으며 네가 어떻게 읽느냐 대답하여 이르되 네 마음을 다하며 목숨을 다하며 힘을 다하며 뜻을 다하여 주 너의 하나님을 사랑하고 또한 네 이웃을 네 자신 같이 사랑하라 하였나이다 예수께서 이르시되 네 대답이 옳도다 이를 행하라 그러면 살리라 하시니(눅 10:25-28).

교육받은 율법사는 그 질문에 바르게 대답했다. 이스라엘의 쉐마는 그의 입으로부터 울려 퍼졌다. 율법사는 예수님을 시험했다. 그러나 예수님은 제시된 질문과 시험하고자 하는 사람의 답변에 신중했다. 율법사는 선택된 민족의 영적 전통의 기초에 대하여 말했다. 그러나 이 이야기의 끝이 아니다. 거기에는 5개 이상의 어절이 더 있다 '…이를 행하라 그러면 살리라 하시니'

쉐마를 실천하라! 그러면 너는 '영생을 얻는 것' 을 체험하게 될 것이다. 너는 영생에 대해 말할 수 있다. 너는 신학적으로 영생의 구조와 성격을 만들 수 있다. 그러나 '너는 살 것이라' 라는 것은 네가 '이것을 실천하다' 일 때만 이루어진다. 계명을 아는 것은 중요하다. '율법에 쓰인 것이 무엇인가' 라는 질문에 바르게 대답할 수 있는 것은 중요하다. '너희 아버지의 자비로우심 같이 너희도 자비하라' (눅6:36)의 필요를 아는 것은 사람의 영생 계시이다. 그러나 만약 사람이 이러한 계시를 안다 할지라도 자비롭지 않다면, 자비로운 아버지를 알지 않고 자비로운 누군가가 아버지의 사고와 실천에 더 가깝게 될 것이다.

> 그러나 너희 생각에는 어떠하냐 어떤 사람에게 두 아들이 있는데 맏아들에게 가서 이르되 얘 오늘 포도원에 가서 일하라 하니 대답하여 이르되 아버지 가겠나이다 하더니 가지 아니하고 둘째 아들에게 가서 또 그와 같이 말하니 대답하여 이르되 싫소이다 하였다가 그 후에 뉘우치고 갔으니 그 둘 중의 누가 아버지의 뜻대로 하였느냐 이르되 둘째 아들이니이다 예수께서 그들에게 이르시되 내가 진실로 너희에게 이르노니 세리들과 창녀들이 너희보다 먼저 하나님의 나라에 들어가리라(마21:28-31).

왜? 그것은 그들이 '회개하고 갔다' 는 것 때문이다. 예수님의 설교에서 '회개하고 갔다' 는 것이 근본적이지 않은가? 비유에 탕자는 '회개하고 가다' 라고 하지 않는가?

> 이에 스스로 돌이켜 이르되 내 아버지에게는 양식이 풍족한 품꾼이 얼마나 많은가 나는 여기서 주려 죽는구나 내가 일어나 아버지께 가서 이르기를 아버지 내가 하늘과 아버지께 죄를 지었사오니(눅15:17, 18).

삭개오는 '회개하고 가라' 고 하지 않는가?

> 삭개오가 서서 주께 여짜오되 주여 보시옵소서 내 소유의 절반 을 가난한 자들에게 주겠사오며 만일 누구의 것을 속여 빼앗은 일이 있으면 네 갑절이나 갚겠나이다(눅19:8).

쉐마의 사람들—예를 들면, 붓다의 가르침, 무하마드의 가르침에 헌신된 사람들—은 그들 자신의 종교적 헌신적 경험 안에서 '회개하고 갔다' 라는 의미에 대해 안다. 그들은 '회개하고 갔다' 는 신약 신학을 잘 이해할 수 있다. 그들은 기독교 믿음의 핵심적 신학 메시지에 이방인도 아니고 신출내기도 아니다. 그들은 자비에 대한 그들 자신의 이해가 있고 그들의 영성으로 자비를 실천한다. 그러나 그들은 예수님이 주님이시라고 말하지 않는다. 비록 그들이 자비를 실천하고 그들 상황에서 '회개하고 가라' 는 의미를 이해한다고 하더라도, 그들은 주님으로서 예수 그리스도의 이름으로 고백하지 않기 때문에, 그들은 예수 그리스도로부터 분리되어 있는가?

'가서 네 소유를 팔아 가난한 자에게 주라…' 그 사람은 '큰 부자이므로 이 말씀을 듣고 심히 근심하더라' 가 버리다! 이것은 그가 예수 그리스도께 속하지 않는다는 것을 의미하는가? 근심하여 가 버리다! 근심하는 것은 심술궂거나 교만한 것은 아니다. 그는 예수님과 관계를 끝냈는가? '애통해하는 자는 복이 있나니 그들이 위로를 받을 것임이요' (마5:4) 예수 그리스도와 우리의 관계가 그렇게 단순히 어렵거나 단절될 수 있는가? 그것은 유리그릇처럼 깨어지기 쉬운가? 그러한 근심으로 가버리는 것이 '임마누엘(하나님이 우리와 함께 계시다)' (마1:23)에서 불리는 예수 그리스도의 이름으로 은혜 공동체의 가능한 결론인가?

만약 우리의 '예수 그리스도에게 속하는 것' 이 그렇게 쉽게 깨어지는 것이라면 '누가 구원될 수 있는가?' (막10:26), 우리가 조만간 이르게 되는 '근심으로 가버리다' 가 되는 한계선에 대해 말하고자 하는 실제적인 일이 아닌가? 우리 어느 누구도 예수 그리스도(이르시되 '….와서 나를 따르라')가 자신을 부인했던 것과 같은 수준으로 자신을 부인하지 못한다! (빌2:6-8) '그러면 누가 구원받을 수 있는가? 예수님은 그들을 보고 말씀하시길 사람으로는 할 수 없으되 하나님으로는 그렇지 아니하니 하나님으로서는 다 하실 수 있느니라'(막10:27) 우리의 관점으로부터 '근심하며 사라졌다'는 것은 즉각적으로 우리에게 '그다음에 누가 구원받을 수 있냐'라는 질문을 하게 된다. 그러나 그것은 하나님과 그렇게 되지 않는다! '제자들이 물어 이르되 랍비여 이 사람이 맹인으로 난 것이 누구의 죄로 인함이니이까 자기니이까 그의 부모니이까 예수께서 대답하시되 이 사람이나 그 부모의 죄로 인한 것이 아니라 그에게서 하나님이 하시는 일을 나타내고자 하심이라'(요9:2,3) '근심하고 갔더라'와 '맹인으로 태어났다'-얼마나 비관적이고 절망적인 상황인가!-는 하나님의 관점으로부터 다르게 보인다.

그러나 이슬람 쉐마나 불교 쉐마 등의 사람들은 예수 그리스도에 속해있는가? 그들은 속해있는가? 진실로, 그들은 자비를 실천하고 '회개하고 갔다'는 영적 경험을 했지만, 그들은 예수 그리스도의 이름으로 고백하지 않았다! 그들이 예수 그리스도께 속했는가?

'…하나님의 영으로 말하는 자는 누구든지 "예수를 저주할 자"라 하지 아니하고'(고전12:3) 쉐마의 사람들은 '예수를 저주할 자!'라고 말하지 않는다. 나는 동남아시아에서 사역하는 동안 쉐마의 사람들에 의해 '예수를 저주할 자!'라고 듣지 않았다. 나는 종종 '기독교인은 저주할 자!'라는 말은 들었다. 예수 그리스도는 존경받았다. 그의 이름은 거룩하다. 그의 이름은 선이며 복이다. 불교도들은 예수 그리스도를 존경하는 반면 기독교인들은 붓다에 대한 존경을 보여주지 않는다. 이것은 아시아의 많은 지역에서 보는 당황스러운 대조이다. 만약 태국 불교인들이 '예수 그리스도'의 이름으로 영어사용자가 맹세하는 것을 듣는다면 그들은 확실히 분노하게 될 것이다!

'성령으로 아니하고는 누구든지 예수를 주시라 할 수 없느니라'(고전12:3) 불교도들은 '예수를 주시라'고 말하는가? 아니다. 그들은 대신 '붓다는 주시라'고 말한다. 그러나 그들은 '예수를 저주할 자'라고 말하지 않는다! 그들은 '예수는 저주할 자'와 '예수는 주'의 사이에 있다. 어떤 막연한 중간 지대인가? 나는 그렇게 생각하지 않는다. 나는 그들이 '예수를 저주할 자'라고 말하지 않는다는 것을 안다. 나는 그들이 '예수는 주시다'고 말하지 않는다는 것을 안다. 나는 예수 그리스도가 그들이 서 있는 곳을 틀림없이 안다고 믿는다.

예수님이 체포된 후에, 베드로는 예수님을 '멀찌감치' 따라왔다. 거기서 그는 예수님을 세 번 부인했다.

> 베드로가 이르되 '이 사람아 나는 네가 하는 말을 알지 못하노라'고 아직 말하고 있을 때에 닭이 곧 울더라 주께서 돌이켜 베드로를 보시니 베드로가 주의 말씀 곧 '오늘 닭 울기 전에 네가 세 번 나를 부인하리라' 하심이 생각나서 밖에 나가서 심히 통곡하니라(눅22:54-62).

열두 제자 중에 지도자인 베드로는 그리스도를 세 번 부인하였다. 수석제자인 그가 그랬다! 예수님과 그의 관계는 파괴되고 끝났는가? 그것은 콘크리트 도로 위에 떨어진 유리처럼 소망 없는 조각들로 깨졌는가? 반석(마16:18)인 그는 단호한 거부 후에 여전히 예수 그리스도에 여전히 속하였는가? 그가 생각하는 한 예수님과의 관계는 끝났다. '그리고 주께서 돌이켜 베드로를 보셨다.' 그것은 심판, 거부, 수치 또는 용서, 일체감, 희망, 생명, 수용의 모습인가? 어떻게 예수 그리스도, 계약에 충실한 하나님의 아들은 이 사람을 보았는가? 신약성경은 우리에게 예수가 그를 어떻게 어떤 방식으로 보았는지 말하지 않는다. 그러나 우리는 여기서 하나님의 무한정한 아름다움, 놀라운 위로, 강력한 존재를 본다(겔37:1-14). 우리는 어떻게 보는가? 우리는 베드로가 '밖에 나가서 심히 통곡하니라'는 것을 안다.

다른 살아있는 믿음을 가진 사람들은 베드로가 한 것처럼 예수님을 배반할 리 없다. 배신은 친밀하게 헌신 된 사람들에게 일어날 가능성이 있다. 베드로는 아주 열심인 사람이다. 나는 베드로를 제자 중에 첫 번째로 꼽히고, 그를 '돌이켜 바라보는' 예수님에 의해 회복되는 것을 보면서, 예수님과 쉐마의 백성들은 피상적이며 약한 관계일 수 없다는 생각을 하였다. 우리가 모두 베드로의 이런저런 방식으로 연관되었기 때문에 예수 그리스도는 고통 가운데 그의 길에서 우리 모두를 '돌이켜 바라본다.' 그리스도의 복음과 쉐마의 백성들의 관계성은 예수님이 배반당하고 십자가의 도상에서도 그대로 놔두지 않는다는 것을 생각해 보라. 메시아적 고통의 그러한 심각한 상황에서 그러한 심각한 주제가 조명된다. 어떤 신학도 예수님께서 우리 모두를 바라보는 살아있는 강렬함을 적절하게 묘사하며 소통하는 것은 없다.

기독교회에서 믿는 대상인 예수 그리스도는 교회의 머리이며 우주의 머리이시다(골1:15-20). 그는 '교회의 역사' 뿐만 아니라 '인간의 역사'와 관련이 있다. 진실로 두 역사가 아니다: 교회와 인간. 그는 역사 안으로 오셨고 전 역사를 위해 죽었다. 그 쉐마는 추상적인 메시지가 아니다. 쉐마들은 역사 안에 기원 되었고 역사를 통하여 살아있다. 그 쉐마는 체험된 쉐마이다. 쉐마들은 인간 영적 위기의 비판적인 순간에 수많은 정신을 말하고 있다. 십자가에 못 박힌 그는 그 자신의 방법 즉 하나님의 아들을 부인하는 미스터리한 방식으로 사람들을 인도한다. '자기의 일을 행하시리니 그의 일이 비상할 것이며 자기의 사역을 이루시리니 그의 사역이 기이할 것임이라' (사28:21) 우리는 더 알기를 원하는가? 그렇다. 진실로…! 시간을 갖고 손잡이 없는 십자가를 지신 예수 그리스도를 바라보자. 여러분은 거기서 무엇을 보는가?

7. 하나님의 손이 포괄적으로 역사하지 않는다

예수님은 베데스다에서 단 한 사람 '38년 된 병자'를 고쳤다.

초청 신학 vs 응답 신학

우리의 질문이 응답 되지 않더라도 우리는 그와 동행한다.

종합 신학은 직접적 적용 신학을 양산한다.

내 종교는 너의 종교보다 낫다! - '거룩한 아름다움의 논쟁'은 이미 충분하다.

불필요한 장애물과 진정한 장애물

'그러나 내가 만일 하나님의 손을 힘입어 귀신을 쫓아낸다면 하나님의 나라가 이미 너희에게 임하였느니라'(눅11:20) '손'은 하나님의 '능력'을 나타낸다. 하나님의 왕적 권세는 하나님의 손이 역사 안에서 귀신을 쫓아내었다는 것으로 깨닫게 된다. '믿음 없는 세대여'라고 예수님께서 말씀하셨다(막9:19). '자기 땅에 오매 자기 백성이 영접하지 아니하였으나'(요1:11) 그러나 그는 자기 백성을 심판하려 하심이 아니었다(요3:17). 태초부터 말씀이신 그는 믿음 없는 세대와 그의 백성들을 격려하며 인내하였다(요1:1,히1:1-3). 그는 불탄 땅이나 집중 포격 전략과 관련 없다.

그는 역사를 '전부' 변화시키지 않는다. 예수는 '근본적'으로 변화시킨다. 만약 역사가 예수 그리스도에 의해 근본적으로 변화된다면, 그 변화는 모든 사람에게 분명해야 한다. 그러나 그것은 자기 증거가 아니다. 만약 그가 역사를 전부 변화시킨다면 그의 사역은 우리 모두에게 분명하게 될 것이다. 그러나 그것은 그가 하는 방식이 아니다. 그는 자신을 우리 삶의 기반이 되도록 인도하고 역사 속에서 하나님의 왕적 통치의 실재에 대한 증거를 내준다. '칠십 인이 기뻐하며 돌아와 이르되 주여 주의 이름이면 귀신들도 우리에게 항복하더이다 예수께서 이르시되 사탄이 하늘로부터 번개같이 떨어지는 것을 내가 보았노라'(눅10: 17,18) 예수 그리스도께 '사단이 복종한다' 라는 것은 분명한 포괄적 변화라기보다는 역사 안에서 일어나는 숨겨진 근본적인 변화를 가리킨다.

복음서의 이야기들은 예수님의 치유 사역을 알려준다. 그러나 그는 모두 치유한 것이 아니었다. 베데스다에는 '수많은 병자, 시각장애인, 저는 자, 중풍 병자' 가 있었다. 그러나 예수는 단 한 사람 '서른여덟 해 된 병자' 를 치유했다(요5:2-9). 예수님은 '나사로야 나오너라'(요11: 43)고 하였다. 그러나 그는 '모든 죽은 자들이 나사로와 함께 나오라' 고 말씀하지 않았다. 태국 문학 비평가 쿠르그키드 프라모이(Kukrit Pramoy)는 왜 예수가 나사로와 함께 모든 죽은 자들을 부활시키지 않았는지 왜 나사로는 후에 그의 '두 번째' 죽임을 당했는지에 대해 의문을 품었다. 그의 견해에 따르면 기독교인의 구원 선포는 결국 최종적이 아니라는 것이다.

> 예수께서 온 갈릴리에 두루 다니사 그들의 회당에서 가르치시며 천국 복음을 전파하시며 백성 중의 모든 병과 모든 약한 것을 고치시니 그의 소문이 온 수리아에 퍼진지라 사람들이 모든 앓는 자 곧 각종 병에 걸려서 고통당하는 자, 귀신 들린 자, 간질 하는 자, 중풍병 자들을 데려오니 그들을 고치시더라(마4:23,24).

'모든 병과 모든 약한 것!' 사실, 그러나 이것은 인류가 '모든 병과 모든 약한 것'으로부터 궁극적이고 '포괄적'으로 해방되었다는 의미가 아니다. 그들은 기원전과 기원후를 가르는 바로 예수의 시대에 함께 있었다. 베데스다와 갈릴리 지역의 치유는 하나님의 손을 나타내는 증거였다. 갈릴리 가나에서 예수는 물을 포도주로 변화시켰다. '예수께서 이 첫 표적을 갈릴리 가나에서 행하여 그의 영광을 나타내시매 제자들이 그를 믿으니라'(요2:11)

하나님의 손이 모든 것에 역사하지는 않는다. 그러나 모든 것에 일하지 않는 하나님의 손이 역사의 기반을 흔든다. 하나님은 역사를 붙잡지 않는다. 하나님은 역사를 관통한다. 이것이 우리에게 소망을 주는 점이다. 이것이 우리를 치유한다. 예수 그리스도 안에서의 그러한 하나님의 사역은 우리의 믿음을 요구한다. '내가 믿나이다 나의 믿음 없는 것을 도와주소서 하더라'(막9:24) 포괄적으로 일하지 않는 하나님은 우리를 좌절케 하는 하나님이다. '누구든지 나로 말미암아 실족하지 아니하는 자는 복이 있도다 하시니라'(마11:6) '포괄적인' 하나님은 분명한 하나님이다. '분명한' 하나님은 우상이다. 우리는 우상을 길들일 수 있으나 살아있는 하나님을 길들일 수는 없다. 십자가에 못 박힌 예수 그리스도는 우상으로부터 가장 먼 곳에 있다. 왜 그런가? 이런 점에서 그는 우리에게 가장 강력한 '거치는 것', '수치', '비밀스러운', '길들지 않는', '확실하지 않은' 그리고 '포괄적이지 않은' 것이다.

그 정신은 하나님이 살아있는 초청 신학 대신에 수동적인 응답 신학을 만들어내는 포괄적이고 분명한 사상으로부터 영감 받은 것이다. 아시아에 있는 기독교 선교의 적절치 못한 특징 중의 하나는 '예수는 유일한 답이다'라는 구호로 기독교 복음을 표현한다는 것이다. 나의 일본식 언어로 '예수만이 유일한 해답이다'라는 것은 극단적으로 이상하고, 값싸고, 피상적이다. 나의 문화에서 그것은 기독교가 기계적으로 활동한다는 말로서 이해된다. 그러므로 그것은 의미 있는 영적 차원이 아니다. 그러나 진정한 이슈는 문화적인 것이 아니라 신학적이다.

예수 그리스도는 계속되는 이야기이지만, 데우스 엑스 마키나(deus ex machina, 특히 극이나 소설에서 가망이 없어 보이는 상황을 해결하기 위해 동원되는 힘이나 사건) 해답을 의미하지 않는다. '나는 길이요, 진리요, 생명이니 나로 말미암지 않고는 아버지께로 올 자가 없다' (요 14:6). 이 구절은 예수가 유일한 해답이라 말하지 않는다. 대신 예수님은 우리가 그에게 와서 동행하도록 초대하는 것이다. 만약 사람이 그 길을 걷지 않는다면 그 길을 아는 것이 무슨 소용이 있겠는가? 그렇다. 사람이 그 길을 걷지 않는 한 그 길을 알지 못한다. '나는 길이요' 라는 것은 성경적 전통을 통하여 기본적 메시지인 '나와 동행하는 것' 을 의미한다.

'나는…진리요' 란 우리가 그와 동행할 때 진리를 보고 경험하리라는 것을 의미한다. 그리고 우리가 그의 진리를 보고 경험할 때 그의 삶에 영향을 받게 될 것이다. 그리고 그의 삶에 영향받는 사람은 '아빠 아버지' (갈4:4,롬8:15)라 말하기 시작한다. 예수 그리스도는 분명히 손을 움직여 지저분한 방을 정리하는 메리 포핀즈가 아니고 모든 사람에게 행복한 해답을 가지고 선물 주머니를 짊어지는 산타클로스가 아니다. 그는 해답을 주는 것보다 관계를 정립하는 데 더 관심이 있다. 그는 언약(관계에 헌신하는 것)의 아들에 신실한 하나님이다. 그는 이 성경적 전통에 굳게 서 있다. '당신을 발견하지 않고 그 해답을 발견하는 것보다 당신을 발견하여 미해결된 문제를 남겨두는 것이 더 좋다.' (어거스틴, 고백록, 제1장, 6)

하나님이 이스라엘 민족의 위기에 모세를 불렀다.

이제 가라 이스라엘 자손의 부르짖음이 내게 달한 애굽 사람이 그들을 괴롭히는 학대도 내가 보았으니 이제 내가 너를 바로에게 보내어 너에게 백성 이스라엘 자손을 애굽에서 인도하여 내게 하리라(출 3:9,10).

네이퍼(B.D.Naper) 흥미로운 주석을 하였다.

내가 누구인가? 모세는 물었다. 내가 이스라엘-애굽의 자녀인가? 도망자인가? 제사장의 사위이며 미디안의 목자인가? 아니라고 말씀에 응답했다. 지금 너의 정체성은 유일하게 나와의 관계성에서 이해될 수 있다. 너는 하나님께서 동행하는 자이다.18)

하나님께서 주신 해답은 이상한 것이었다. '내가 너와 함께 할 것이다' 너는 이 말씀 외에 다른 것으로 선교에 파송되지 않는다. '나는 너와 함께 할 것이다'가 그 해답이다. 그렇다. 그러나 이 해답은 메리 포핀즈나 산타클로스의 방식이 아니다. 그것은 증표의 언약으로 주어진 것이다! 그것은 미래에 일어날 무언가에 대한 것이라고 할 수 있다. '하나님이 이르시되 내가 반드시 너와 함께 있으리라 네가 그 백성을 애굽에서 인도하여 낸 후에 너희가 이 산에서 하나님을 섬기리니 이것이 내가 너를 보낸 증거니라'(출3:12) '내가 너를 보냈다'라는 증거는 사역의 과정에 주어질 것이다. '내가 너와 함께 하리라'는 모세의 정체성은 하나님과 동행하며 그의 목소리에 순종하는 것이다. 모세의 정체성이 부여되었으므로 그의 정체성은 하나님의 언약을 향하여 살아있는 유기체로서 호흡해야 한다. '너는 하나님이 함께하는 자이다'는 미래 중심적이고 믿음 중심적이다. 그러한 정체성은 하나님 초청의 은혜 안에서 근원 된 것이다. 출애굽 하나님은 해답을 주는 하나님이라기보다는 초청하는 하나님이다.

예레미야는 그의 영혼 안에서 유사한 경험을 한다.

> 내가 너를 모태에 짓기 전에 너를 알았고 네가 배에서 나오기 전에 너를 성별 하였고 너를 여러 나라의 선지자로 세웠노라 하시기로 내가 이르되 슬프도소이다. 주 여호와여 보소서 나는 아이라 말할 줄을 알지 못하나이다 하니 여호와께서 내게 이르시되 내가 너를 누구에게 보내든지 너는 가며 내가 네게 무엇을 명령하든지 너는 말할지니라 너는 그들 때문에 두려워 말라 내가 너와 함께 하여 너를 구원하리라 나 여호와의 말이니라(렘1:5-8).

예레미야는 소명의 순간에 불안감과 연약함을 깊이 느꼈다. 그는 앗시리아, 바빌로니아, 이집트 그리고 유다의 선지자가 되도록 기름 부음을 받았다. 그는 가서 '나는 너에게 전하기 위하여 너와 함께 한다'에 근거한 것만 말하라는 것이었다. 사역을 통하여 그는 직무에 참을 수 없는 고통과 긴장을 느꼈다. 절망감의 극한 상황에서 예레미야는 인간적 깊은 슬픔과 애가를 표현하였다.

> 여호와여 주께서 나를 권유하시므로 내가 그 권유를 받았사오며 주께서 나보다 강하사 이기셨으므로 내가 조롱거리가 되니 사람마다 종일토록 나를 조롱하나이다. 내가 말할 때마다 외치며 파멸과 멸망을 선포하므로 여호와의 말씀으로 말미암아 내가 종일토록 치욕과

모욕거리가 됨이니이다. 내가 다시는 여호와를 선포하지 아니하며 그의 이름으로 그의 이름으로 말하지 아니하리라 하면 나의 마음이 불붙는 것 같아서 골수에 사무치니 답답하여 견딜 수 없나이다…내 생일이 저주를 받았더면, 나의 어머니가 나를 낳던 날에 복이 없었더면…어찌하여 내가 태에서 나와서 고생과 슬픔을 보며 나의 날을 부끄러움으로 보내는고 하니라(렘20:7-9,14,18).

폰 라드(Gerhard von Rad)를 인용해보고자 한다.

우리가 '속았다'고 여기는 그 단어는 사실 어린 소녀-'너는 나의 단순함을 이용했다' (루돌프)-를 유인하고 꾀는 행위를 가리킨다. 선지자는 스스로 비난할 수 없다. 그의 능력과 여호와의 능력은 지나치게 불평등하다. 하나님은 그가 참을 수 없는 사역으로부터 도망치려는 것을 허락한다. 그러나 그가 감동된 말씀은 그의 가슴에서 불과 같았다. 그러므로 그는 선지자 노릇을 계속해야만 했었다. 그러나 결과적으로 그는 무엇이 되었는가! 그의 시대는 부끄러움으로 끝난다(18절). 그리고 마침내-이것은 초월과정이다-예레미야는 그의 삶의 완전한 포기로 저주한다(14절). 이 마지막 구절들은 독백이다-선지자가 말했던 하나님은 더 그에게 대답하지 않는다…….

그것은 여태껏 그 자신의 직임에 대하여 회의감이 들었음에도 어떻게 그가 하나님에게 초인이 하는 순종이 가능했고 그의 소명에 엄청난 긴장을 감내해냈고 그러나 궁극적으로 포기하는 길을 따를 수 있었는지는 예레미야에게 비밀이다. 어떤 순간도 그에게 이 고뇌하는 고통이 하나님의 시야에서 의미하는 바를 알지 못했다. 다시, 만약 하나님이 그의 대사로서의 가장 신실한 삶이 그렇게 지독하고 온전히 이해할 수 없는 밤이 되고 모든 보이는 것이 그가 완전한 슬픔으로 다가오는 것을 허락했다면, 이것은 하나님의 비밀로 남는다.[19]

'나는 네가 전달할 때에 함께 하겠다' 라고 예레미야에게 약속한 하나님은 지금 침묵한다. 예레미야는 응답받지 못한 채 믿음 안에서 산다. 그가 가진 모든 것은 '나는 네가 전달할 때에 함께 한다' 는 약속이다. 이 약속 그 자체는 지금 사실상 유효하지 않다. 그러나 '하나님께 거의 초인적 순종' 을 한 예레미야는 '나는 네가 전달할 때에 함께 한다' 는 의미를 숙고한다. 그는 그와 함께하는 이 약속을 그 영혼의 비밀로 깊이 새긴다. 그는 고뇌한다. 그는 운다. '왜 나는 음부한테서 나와 슬픔을 보며 부끄러운 날들을 보내야 했는가?' 해답이 없다. 그러나 그는 하나님께 순종한다. 사람들은 거의 그러한 깊은 영적 위기와 경험을 하지 않는다.

예레미야는 우리에게 십자가에 못 박힌 주님의 마지막 순간을 기억하게 한다. '나의 하나님, 나의 하나님, 어찌하여 나를 버리셨나이까?' (마27:46) 예수는 비록 하나님이 그를 버렸다고 느꼈지만, 그는 하나님께 울부짖었다! '그는 하나님을 대항하는 하나님에게로 도망친다!' 오 강한 믿음! (루터). 예레미야와 예수님은 그들을 버리는 하나님 안에서 신뢰를 두었다! 그들의 신뢰는 더는 하나님의 명확한 대답에 근거하여 믿음을 두지 않았다! 그것은 언약 관계 안에서 믿음의 가장 깊었을 가능성이다. 여기서 우리는 응답–신학을 볼 수 없다. 우리는 대신 관계성–신학을 본다. 모든 혹독한 상황에도 불구하고 비록 그들의 질문에 고민이 대답 되지 않았을지라도 그들은 동행하는 하나님의 초대를 믿었다! 이름이 없는 가나안 여인이 영적 시험의 이러한 유형을 체험한다. 그는 예수님께 울면서 요구한다.

예수께서 거기서 나가사 두로와 시돈 지방으로 들어가시니 가나안 여자 하나가 그 지경에서 나와서 소리 질러 이르되 주 다윗의 자손이여 나를 불쌍히 여기소서 내 딸이 흉악하게 귀신 들렸나이다 하되 예수는 한 말씀도 대답하지 아니하시니 제자들이 와서 청하여 말하되 그 여자가 우리 뒤에서 소리를 지르오니 그를 보내소서 예수께서 대답하여 이르시되 나는 이스라엘 집의 잃어버린 양 외에는 다른 데로 보내심을 받지 아니하였노라 하시니 여자가 와서 예수께 절하며 이르되 주여 저를 도우소서 대답하여 이르시되 자녀의 떡을 취하여 개들에게 던짐이 마땅하지 아니하니라 여자가 이르되 주여 옳소이다마는 개들도 제 주인의 상에서 떨어지는 부스러기를 먹나이다 하니 이에 예수께서 대답하여 이르시되 여자여 네 믿음이 크도다 네 소원대로 되리라 하시니 그때로부터 그의 딸이 나으니라(마15:21-28).

그 여인은 '예수님이 한마디도 대답하지 않았다' 하더라도 희망을 포기하지 않았다. 그녀는 차가운 거친 대답이 돌아왔을지라도 예수님을 믿었다. 그녀는 응답-신학에 서 있지 않았다. 그녀는 관계성이 살아있는 신학 안에 서 있었다. 그녀는 '한마디도 대답하지 않는' 예수님을 믿었다.

많은 경우 나는 예수님의 복음이 행복한 결말의 종교라 말하는 것을 들었다. 사람에게 기독교인의 증거 또는 증인이 되는 것은 종종 어떻게 기독교적 믿음이 좋은 건강, 좋은 사업 그리고 나은 수입을 가진 사회적 지위가 발전된 것이라는 것을 의미했다. 예수님은 너를 행복하게 만들어준다. 그는 너의 문제를 해결할 것이다. '그에게로 오라!' 나는 이것이 진리가 아니라고 말하지 않는다. 많은 수의 사람들이 기독교인이 된 이래 사회적 지위와 수입이 나아졌음이 틀림없다. 그러나 예수 그리스도에게 헌신한다는 것은 사회적 지위가 향상될 수도 있고 안 될 수도 있다. 기독교 믿음은 사회적 지위의 향상과 기본적 관련성이 없다. 기독교 신앙은 너를 행복한 사람으로 만들거나 '왜 나는 음부로부터 와서 고통과 슬픔을 보며 수치심으로 나의 날들을 보내는가?' 라고 말한다. 복음(기쁜 소식)은 끝이 좋은 종교이다. '우리가 알거니와 하나님을 사랑하는 자 곧 그의 뜻대로 부르심을 입은 자들에게는 모든 것이 합력하여 선을 이루느니라' (롬8:28) 이 구절은 종종 기독교인의 해피엔딩을 지지하는 것으로 인용된다. 나는 그러한 생각을 파기해야 할 것으로 이 구절을 이해한다. 고린도후서 11장 23-29절 말씀을 보자.

> 그들이 그리스도의 일꾼이냐 정신없는 말을 하거니와 나는 더욱 그러하도다 내가 수고를 넘치도록 하고 옥에 갇히기도 더 많이 하고 매도 수없이 맞고 여러 번 죽을 뻔하였으니 유대인들에게 사십에서 하나 감한 매를 다섯 번 맞았으며 세 번 태장으로 맞고 한 번 돌로 맞고 세 번 파선하고 일주야를 깊은 바다에서 지냈으며 여러 번 여행하면서 강의 위험과 강도의 위험과 동족의 위험과 이방인의 위험과 시내의 위험과 광야의 위험과 바다의 위험과 거짓 형제 중의 위험을 당하고 또 수고하며 애쓰고 여러 번 자지 못하고 주리며 목마르고 여러 번 굶고 춥고 헐벗었노라 이 외의 일은 고사하고 아직도 날마다 내 속에 눌리는 일이 있으니 곧 모든 교회를 위하여 염려하는 것이라 누가 약하면 내가 약하지 아니하며 누가 실족하게 되면 내가 애타지 아니하더냐.

이것이 '하나님을 사랑하는 자 곧 그 뜻대로 부르심을 입는 자에게 모든 것이 합력하여 선을 이루는' 바울이 말한 것이다. 월급이 오른다고 언급된 적이 없다. 사업 확장에 대해 말하지 않는다. 그의 열량 흡수가 증가하지 않는다. 그의 사회적 위치는 올라가지 않는다. 바울의 하나님은 '분명한' 하나님이 아니다. 그는 우상이 아니다. 그는 살아있는 하나님이다. 바울은 교도소에 갇히고, 매 맞고, 돌에 맞고, 파선되고 여러 사람에 의해 위협되고 배고프고, 목마르고, 춥고, 헐벗었음을 통하여 하나님이 역사에 관계하시며 바울 또한 만지셨다. 해피엔딩 종교는 하나님이 포괄적으로 일하시며, 손으로 단지 가리키기만 하는 분명한 하나님에 대한 숭배이다. 성경의 살아있는 하나님이 해피엔딩 종교의 예측할수 있는 매니저로 변형되어왔다. 그는 주권적 주님으로서 인간과 적대적인 위치에 있지 않다. 그는 지금 종교에 대한 인간의 자화자찬 관점을 따른다!

아시아 교회에서 찬양하는 대부분의 찬송가는 예수 그리스도의 신학, 해피엔딩 종교의 저자에 의해 주도된다. 나는 예견할 수 없는 손을 가진 하나님보다 아시아에 더욱 강력하고 보편적으로 설교 되는 예언하는 손을 가진 이 하나님으로 인식되는 것이 매우 불행한 일이라고 생각한다. 진리 안에서 예견할 수 있는 하나님(답이신 하나님)은 진실이기에 너무나 값싸서 아시아인 심성을 가진 눈으로는 예견할 수 없는 하나님(초대하는 하나님)의 메시지를 더 받아들일 수 없다.

'포괄적인 하나님' 의 신학(하나님은 분명하고 포괄적으로 일하시므로 인간에 의해 길들여진다)은 그 자체가 직접적 적용신학으로 표현된다. 직접적 적용신학은 빠르고 효과적인데 마치 그것은 식민지주인이 아프리카에서 나라를 나눌 때 효과적으로 직선 라인으로 그려진 것처럼 말이다. 시편 기자는 '어리석은 자는 말하기를 하나님이 없다 하도다'(14:1,53:1). 직접적 적용신학은 붓다에게 직접적이고 '포괄적으로' 적용할 수 있다. 그러한 신학의 희생자들은 붓다는 '어리석다' 라고 말하며 왜냐하면 그가 '무신론적' 이기 때문이다! 그러한 이해는 종교 역사와 문화를 이해하는데 희비극적인 천박함을 나타낼 뿐이다.

공자, 노자, 파르메니데스, 플라톤, 소크라테스의 무리 가운데 위대한 현인 중의 하나인 붓다는 성경적 유산과는 관련이 없이 살아왔다. 그의 역사적 문화적 상황 안에서 그는 진리를 찾았고, 그는 그것을 인식했고 표현했다. 그는 엘리야나 이사야를 만난 적이 없다. 당시에 라디오나 종이로 된 책이 없었다. 그는 인도인의 영성을 가진 아들이었다. 45년간 그의 사역은 인도 북동쪽에 있는 약간의 고저가 있는 직사각형의 지역 안에 한정되어 있었다. 그 지역은 라자그하(Rajagaha), 베사리(Vesali), 사바트히(Savatthi), 바라나시(Baranasi)의 고대 도시 안에 그려진 경계선에 의해 범위가 한정되었다. 그는 탁월하게 영적이고 지적인 집중을 하여 인간의 존재와 그 고통에 관해 연구했다. 그는 이 '많은 신'이 진실로 인간의 구원에 소용이 없다는 것을 깨달았다.

그가 80의 나이에 죽을 때 제자들에게 말하였다: '자 승려들아, 내가 너희들에게 권고한다. 인성의 구성물은 부패하기 쉽다. 부지런히 너 자신을 분투하라!' 아난다에 대한 그의 마지막 말은 '그러므로 아난다 너 스스로 자신의 피난처가 되는 섬을 만들어라; 피난처로서의 가르침, 섬으로서 가르침을 취하라 다른 피난처가 없다!' (디그하니카야, 16) 그는 자기 추종자들에게 희생을 통하여 얻게 되는 권력을 포함한 외부적 힘의 다양성에 의존하지 말라고 요청했다. 그의 '무신론'(얼마나 직접이고 '포괄적인' 세계인가!)은 소크라테스와 초기 기독교인들이 전통적인 신들에 대하여 무신론적인 자세로 개별적으로 고소한 것과 같이 매우 유사하다.

이 바울이 에베소뿐 아니라 거의 전 아시아를 통하여 수많은 사람을

권유하여 말하되 사람의 손으로 만든 것들은 신이 아니라 하니 이는
그대들도 보고 들은 것이라 우리의 이 영업이 천하여질 위험이 있을
뿐 아니라 큰 여신 아데미의 신전도 무시당하게 되고 온 아시아와
천하가 위하는 그의 위엄도 떨어질까 하노라 하더라(행19:26,27).

바울은 '무신론'으로 고발되었다! 바울은 '아시아와 세계가 경배하는
위대한 아데미 여신들에 본질이 없다는 성경적 전통에 서 있었다. 아데
미는 아브라함, 이삭 그리고 야곱의 하나님이 아니다. 그녀는 예수 그리
스도의 아버지가 아니다.

　붓다는 다른 역사적 상황 안에서 일했다. 그 상황은 '어리석은 자
들이 그의 마음에 "신들이 있다"라고 말하는' 것이었다. 붓다는 신이
있다고 말하지 않았다고 한다면, 그는 아브라함, 이삭, 야곱의 하나님을
의미하는 것이 아니다. 그것은 다른 역사적 상황 속에서 내가 무엇인가
를 의미하는 것이다. 붓다의 가르침과 아브라함, 야곱, 이삭의 하나님
신앙 사이에는 '직접적' 관계성이 없다. 그들 사이에는 '효과적이고 빠
른 식민지적' 경계가 없다! 그러나 그들 사이에는 많은 간접적으로 관
련된 영적 경험들이 있다.

바울이 아레오바고 가운데 서서 말하되 아덴 사람들아 너희를 보니
범사에 종교심이 많도다 내가 두루 다니며 너희가 위하는 것들을 보
다가 알지 못하는 신에게라고 새긴 단도 보았으니 그런즉 너희가 알
지 못하고 위하는 그것을 내가 너희에게 알게 하리라(행17:22,23).

바울은 '효과적이고 빠른 식민지적 경계선'이라는 용어로 그의 신학적
사고를 하지 않았다. 그는 잘 모르는 신을 수용한다. 그는 아덴 사람들

이 '매우 종교적' (인도인, 태국인, 인도네시아인, 필리핀인…)인 것을
인식한다. 그는 그가 선포하기를 바라는 것과 그들의 '매우 종교적인'
영성 상의 간접적으로 연관된 영적 경험의 존재를 본다. 그의 신학적
접근은 직접적 적용이 아니고 다소 사려 깊은 간접적 적용이다. '네가
알지 못하던 것을 경배하는 것' 은 정죄 받은 것이 아니다. 반대로, '이
것은 내가 너에게 선포하는 것이다' !

　　나는 종종 동남아시아에서 불교는 하나님을 가르치지 않아서 '반
기독교인' (얼마나 직접적이고 '포괄적인' 세계인가!)이라고 듣는다! 불
교와 공산주의는 무신론적이기 때문에 불교는 공산주의처럼 사탄적이
라고 한다!-직접적 적용신학의 지지자들은 그렇게 말한다. 언제 그리고
어떻게 기독교인들은 어떤 아름다운 것을 아름답게 보는 상식을 잃어
버렸는가?

> 끝으로 형제들아 무엇에든지 참되며 무엇에든지 경건하며 무엇에든
> 지 옳으며 무엇에든지 정결하며 무엇에든지 사랑받을만하며 무엇에
> 든지 칭찬받을만하며 무슨 덕이 있든지 무슨 기림이 있든지 이것들
> 을 생각하라(빌4:8).

식민지적 정신은 사도적 조언을 싫어한다. 사람은 기독교 영성과 마찬
가지로 불교의 역사에서도 명예로운, 정의롭고, 순수하고, 사랑스럽고,
자비로운 것을 다룰 수 있다는 것을 발견한다.

　　직접 적용의 많은 실례는 동남아시아의 기독교인들 가운데서 퍼져
있다. 나는 그것 중의 간단한 세 가지 이상을 다루고자 한다.

　　첫 번째는 요한복음 10장 8절의 직접적 적용을 다루어보고자 한다.

'나보다 먼저 온 자는 다 절도요 강도니 양들이 듣지 아니하였느니라'
이것은 정말 강한 어조이다. 여기서 문자적으로 '다' 는 무엇을 의미하
는가? 하나님에 의해 보내진 많은 사람이 있다: 아브라함, 모세, 엘리
야, 예레미야, 이사야. 그들은 '나보다 먼저' 온 자들이다. 명확하게 만
약 우리가 '나보다 먼저 온 모든 자' 을 구약에서 믿음의 개인적 인격들
로 의미하는 것으로 이해한다면, 그러한 이해는 성경 전체에 주어진 구
원의 메시지의 전 화합력을 망가뜨리는 일이어서 메시아로서 자기 정
체성을 심각하게 부식시킨다. 그렇다면, 그 구절은 예를 들면, 붓다, 공
자, 소크라테스가 '나보다 먼저 온 자' 를 의미하는 것인가? 요한복음의
저자가 이것을 저술했을 때 붓다, 공자, 소크라테스에 대한 것으로 생각
하는 것을 용납하기는 매우 어렵다. 신약성경은 붓다. 공자, 소크라테스
를 '절도자와 강도' 로서 보았는가? 나는 그렇다고 상상할 수 없다.

　요한복음 10장 8절의 구절은 예수 그리스도의 사역 상황 안에서 사
람들의 더욱 특별한 그룹을 가리키는 것이 분명하다. 성경학자 브라운
(R. E. Brown)은 말한다.

　…바리새인과 사두개인들에 대한 우리의 의견 안에서 예수의 말에
　대한 가장 가능한 표적이 남아있다. 예수 자신의 시대가 될 때까지
　마카비 시대로부터 제사장적인 지배자들과 정치가 들의 불행한 라
　인은 예수 전까지 잘못된 목자들, 절도자들, 강도들로서 확실히 특징
　지워졌다. 그리고 바리새인들도 역시 하스모니안과 헤로디안 시기에
　정치적 권력의 분투 안에 자신들을 더럽혔다. 그 비유의 설명에서
　사용되는 강한 언어는 마태 23장의 그것과 잘 비교된다. 그것은 예
　수가 서기관들과 바리새인들에 의해 사람들 위의 불의한 활동에 대
　한 권위를 공격했다.[20]

'나보다 먼저 온 자'들의 이해에 관한 연구는 우리에게 실제로 전혀 이해할 수 없는 직접적이고 '포괄적인' 적용보다는 예수님 복음의 핵심 메시지를 이해하는데 더 근접하게 한다.

두 번째 실례로 에베소서 4장 17~19절에서 다루고자 한다.

> 그러므로 내가 이것을 말하며 주 안에서 증언하노니 이제부터 너희는 이방인이 그 마음의 허망한 것으로 행함 같이 행하지 말라 그들의 총명이 어두워지고 그들 가운데 있는 무지함과 그들의 마음이 굳어짐으로 말미암아 하나님의 생명에서 떠나 있도다 그들이 감각 없는 자가 되어 자신을 방탕에 방임하여 모든 더러운 것을 욕심으로 행하되.

우리가 1975년의 관점에서 이방인들을 빠르고 포괄적으로 볼 수 있을까? 모든 이방인 즉 태국, 인디아, 필리핀, 미얀마, 인도네시아, 베트남, 홍콩, 일본, 오스트레일리아, 뉴질랜드, 태평양 섬들…스스로가 부도덕에 내어버려 지며 욕심으로 모든 종류의 더러움으로 행하는가? 그들 모두는 '하나님의 생명으로부터 멀어져' 있는가? 그들 모두는 '잃어버린 20억'이라 불리는 '욕심으로 모든 종류의 더러움'을 행하는 자들인가? 누가 서신 저자의 마음 가운데 이방인인가? 오늘날에 있어서 그들은 누구인가? 이것은 당시와 오늘날 이방인을 신학적으로 올바르게 바라보는 것인가?

예를 들면, 오늘날 태국에 있는 태국인은 이방인인가? 그렇다. 그들은 이방인이다. 그들은 확실하게 유대인이 아니다. 만약 기독교인이 '이방인'을 '비기독교인' 의미로 사용한다면 그들 중 대다수는 기독교인들이 아니다. 그들은 붓다의 추종자들이다. 만약 그렇다면, 이렇게 강한 구절이 태국인에 적용되는 것인가? 그들은 '정신의 헛됨' 속에 살고 있는가? 그들은 '이해의 어두움 속'에 있는가? 그들은 '하나님의 생명으로부터 소외되어' 있는가? 그들은 '무감각하고 부도덕'하게 되었는가? 그들은 '욕심으로 모든 종류의 더러움에 행하고' 있는가? 그렇다. 4천만 태국사람들 가운데 그런 사람들이 있음이 분명하다. 그 상황은 영국, 소련, 일본, 독일, 인도네시아, 말레이시아의 어떤 나라에서도 똑같음이 틀림없다. 그러나 우리가 이 구절이 함축하는바 이방인 피지인이 '냉담하고 부도덕'하다고 하거나 이방인 미얀마인이 '욕심으로 모든 종류의 더러움'에 있다고 말할 수 있는가?

나는 개인적으로 그런 방식으로 생각하고 느끼는 것이 매우 어렵다는 것을 발견한다. '이방인'의 도덕성과 영적 생활은 단순히 이들 부정적인 용어로만 과장될 수 없다. 나는 불교 승려들에 의해 태국왕국에서 자선의 여러 다양한 사업을 해왔고 하는 것을 보아왔다. 그들은 그들의 영적 에너지를 '욕심으로 모든 종류의 더러움으로 행하는 것'에 투쟁하도록 영향력을 미친다. 하나님의 영은 이방인들 가운데 일하신다 (마15:21-28, 행10:1, 2, 13:44-49).

아마 이 구절에서 '어떤 이방인들'이 '욕심으로 모든 종류의 부정을 하는 것'을 의미한다. 또는 아마 저자는 이방인 삶의 모델로서 그에게 주어진 특별한 이방인 공동체의 심각하게 쇠퇴한 도덕적 상황을 말하고자 하는 것이다. 그의 역사적 지리적 경험은 그의 역사적 시간과 지리적 상황에 자연적으로 제한되어 있다. 그의 메시지에 대한 직접적이고 포괄적인 해석은 1975년 아시아에서 사역하는 우리에게 심각한 선교적 문제를 일으킨다.

만약 우리가 이방인의 도덕적이고 영적인 삶이 그러한 '하나님의 눈' 안에서라고 의미하는 것이라고 이해한다면, 왜 이방인들이 선택되겠는가? 우리는 모두 거룩한 하나님의 시각에서 거룩하지 않다. 동시에 이러한 맥락에서 우리는 역사에 관여하시는 하나님이 죄인인 인간에 의해 행해진 선한 일(말하자면 자선사업)을 평가하지 않는다는 것에 의문을 가지고 물어봐야 한다. 하나님은 '이방인의 미덕'에 관심이 없으신가? 모든 이방인의 가치는 아브라함, 이삭, 야곱의 하나님에 의해 판단되는가? 예수 그리스도의 아버지 하나님은 그러한 정죄하는 정신을 가진 하나님이신가?

나는 에베소서 4장 17~19절이 하나님의 도(행18:26)를 따르는 사람들을 표현한 것이라고 이해한다. 그것은 태국 불교도와 인도네시아 무슬림을 우리가 1975년에 보는 것과 같이 지적하지 않는다. 이방인들인 에베소인들의 특징들과 태국에서 평화롭게 사는 불교도인들 간에 역사적이고 종교적인 상황에 의미 있는 차이가 있다. 그러나 나는 이 신약 구절들과 우리 모두 사이의 간접적 관계성을 통한 의미 있는 점을 본다.

세 번째 실례는 사도행전 4장 12절에서 취할 수 있다. '다른 이로써는 구원을 받을 수 없나니 천하 사람 중에 구원을 받을 만한 다른 이름을 우리에게 주신 일이 없음이라 하였더라' 내 생각에 이 구절과 마태복음 28장 19절은 우리가 예수 그리스도의 삶과 사역을 알고 있는 상황 안에서 그것을 듣지 못하는 데서 오는 굉장한 고통이 있다. 이것은 극단적으로 불행한 것인데 선교신학에서 이해하는 교회가 '기독론적' 숙고하지 않는 것을 의미한다. 나는 후에 다음 장에서 마태복음 28장 19절을 논의하기 원한다.

사도행전 4장 12절은 통치자, 장로들, 서기관들, 대제사장과 대제사장 가족들 앞에서 한 베드로의 증거 일부분이다. '이에 베드로가 성령이 충만하여 이르되 백성의 관리들과 장로들아…' (5-8). 이것은 단지 네 문장의 결정적이고 감동적인 말씀이다! 이 네 문장 안에서 베드로는 예수 그리스도 이름의 의미에 집중한다. 진실로 베드로의 전 사도적 메시지는 예수의 이름에 초점을 두고 있다.

백성과 장로들의 지도자들아, 만약 병자에게 행한 착한 일에 대하여 이 사람이 어떻게 구원을 받았느냐고 오늘 우리에게 질문한다면 너희와 모든 이스라엘 백성들은 알라 너희가 십자가에 못 박고 하나님이 죽은 자(그에게 주어진 두 가지 단어는 십자가에 못 박힘과 다시 사심이라는 근본적인 정체성이다) 가운데서 살리신(바로 십자가에 못 박혔다가 살아나신 이름!) 나사렛 예수 그리스도의 이름으로(여기에 기독교인 믿음에 대한 권능 있는 사도적 요약이 나온다. 그것은 어떤 종류의 이름인가?) 이 사람이 건강하게 되어 너희 앞에 섰느니라 이 예수는 너희 건축자(헌신 되었고 풍부한 자원을 가진 종교 기초자들)들의 버린 돌로서 집 모퉁이의 머릿돌이 되었느니라 (9-11절) 그다음에 12절이 나온다.

십자가에 못 박히셨다가 다시 살아나신 이름에 대해 말하는 유일한 방법은 그리스도의 십자가 처형과 부활 안에 참여하는 것이다. 만약 우리가 '다른 이로써는 구원을 받을 수 없나니 천하 사람 중에 구원을 받을 만한 다른 이름을 우리에게 주신 일이 없음이라 하였더라' 선포하기를 원한다면, 우리의 전 삶은 절름발이와 같이 십자가 처형과 부활의 이름으로 붙잡힌 바 되어야 한다. 우리는 붙잡힌 바 된 분에 대한 증거자가 되는데, 왜냐하면 그때 우리는 이 절름발이가 '건강하게 되어 서 있는 것'을 본 증거자이다.

아시아 선교 역사의 상황 안에서 예수의 죽음과 부활의 이름으로 '영성에 붙잡힘' 된 차원은 예수 그리스도의 이름으로 '절대성'과 '배타성'에 의해 비영성적이고 무미건조한 '신학적' 논의로 질식하게 된다. 아시아인들은 12절을 '배타성의 원리'로 선교사들과 신학자들에 의해 가르침 받았다. 여러분은 '성령이 충만한 베드로'가 '배타성의 원리'에 대해 단지 말했다고 생각하는가? 베드로는 십자가에 못 박혔다가 다시 사신 그 이름에 대해 말하려고 했음이 틀림없다. 그는 성령에 의해 '예수는 주시다'고 선포하고 있다(고전12:3). '배타성의 원리'와 '십자가에 못 박혔다가 다신 사신 자의 이름' 사이에는 굉장한 차이점이 있다. 원리는 '포괄적'이고, 예언할 수 있고, 온건하다. 이 원리는 사도행전 4장 5-12절 중심에 있는가?

12절이 '배타성의 원리'의 증거로 해석될 때, 인간의 상황에 십자가에 못 박혔다가 다시 사신 자의 이름의 무미건조한 직접적인 적용이 교묘한 방식으로 일어난다. 직접적인 적용은 추상적이며 생명을 주지 않고 덕성을 계발하지도 않는다. 그것은 비영적이며 비인간화의 적용이다.

붓다의 이름은 감화를 주는 이름이다. 그것은 우리 공동체의 삶에 영적 각성, 영혼의 궁극적 초월성의 높은 가치, 그리고 자비에 평화로운 실천을 대표한다. 그것은 선한 이름이다. 그것은 뛰어난 이름이다. 그것은 사랑스러운 이름이다. 그것은 영예로운 이름이다(빌4:8). 그다음 거절이 된다! 아니다! 예수의 이름은 보다 더 선하고, 뛰어나고, 사랑스럽고 영예로운 이름이다! 우리는 이 '거룩한 아름다움의 논쟁'이 이미 충분하다. 예수의 이름은 선한 이름이다. 그것은 뛰어난 이름이다. 그것은 사랑스러운 이름이다. 그것은 영예로운 이름이다.

그러나 이들 모든 것 이전에 그의 이름은 십자가에 못 박히고 다시 산 이름이다. 십자가에 못 박히고 다시 사신 이름은 '거룩한 아름다움의 논쟁'을 하는 데 관심 없다. 그것은 그러한 생각을 싫어한다. 반대로 다음과 같이 말하는 사람이 그 이름이다. '그들이 먹을 때에 예수께서 떡을 가지사 축복하시고 떼어 제자들에게 주시며 이르시되 받아서 먹으라 이것은 내 몸이니라 하시고 또 잔을 가지사 감사기도 하시고 그들에게 주시며 이르시되 너희가 다 이것을 마시라 이것은 죄 사함을 얻게 하려고 많은 사람을 위하여 흘리는바 나의 피 곧 언약의 피니라'(마 26:26-28) 그의 이름은 '많은 사람에게 생명을 부어주는' 분으로 대표된다.

그러나 12절은 '배타성'에 대해서 말하지 않는가? 그것은 '그밖에'와 '다른 이름'을 말하지 않았는가? 만약 우리가 이것을 모든 경우에 공공연하게 강제적으로 말하지 않는다면 복음의 능력을 희석하는 것이 아닌가? '많은 사람에게 주는' 분의 독특한 이름은 '많은 사람에게 주는' 우리의 삶에 의해 신중하고 겸손하게 언급돼야만 한다. 행4:12은 특별히 현 동남아시아에서 높은 강도의 메시지이다. 우리는 그것을 자신과 다른 사람들을 감전사하지 않도록 부주의하게 접근하지 말아야 한다.

그러나 우리 가운데 누구의 삶이 심오한 사랑과 관심 안에서 '많은 사람에게 주는' 이 그리스도와 같은 질을 가질 수 있을까? 우리는 모두 죄악 된, 자기중심적인, 자기 의가 있지 않은가? 우리가 행4:12의 십자가에 못 박혔다가 다시 사신 분의 이름을 생각하면서 회개하거나 회개하게 되는 것보다 우리에게 다른 어떤 가능성이 있는가? 우리는 '다른 이름이 없다는 것'을 사람들에게 말하기를 원하는가? 만약 우리의 삶이 '많은 사람을 위해 부어주는' 질을 가지고 있다면 그렇게 하라. 만약 우리의 삶이 이 독특한 이름 앞에 깊게 회개를 했다면 그렇게 하라. 그렇지 않으면 우리는 비영성적이고 비인간적인 신학에 관련된 것이다! 기독교 믿음은 살아있는 실재이다. 그것은 성경 구절의 직접적인 인용보다 더욱 육성되어야 한다. '책을 읽거나 추측하는 것이 아니라 살고, 죽고, 존재하는 사람들이 신학자가 된다.'(루터)

예수님은 귀신들린 거라사인을 온전한 인간으로 치유한 후에 말했다. '허락하지 아니하시고 그에게 이르시되 집으로 돌아가 주께서 네게 어떻게 큰일을 행하사 너를 불쌍히 여기신 것을 네 가족에게 알리라 하시니'(막5:19) 이 부분에서 나는 아시아 사람들에게 십자가에 죽었다가 다시 살아나신 분에 대해 말하기를 좋아한다. 내가 발견한 바로는 이것은 배타적인 원리가 아니라 하나님의 사랑의 역동적인 구원의 실재로서 '다른 이름이 없다는 것'을 지적하여 더욱 신앙심을 함양하는 것이다. 나는 불필요한 장애물과 진정한 장애물을 구분한다. 전자는 우리가 계속 만드는 것이다. 후자는 우리에게 주어진 것으로 우리가 그것을 극복해야 한다. 행4:12의 직접적인 적용은 다양한 불필요한 방해물을 양산해왔다. 이 구절이 진정한 방해물이 되는 것은 매우 드문 일이다.

성경이 우리에게 말하는 진리는 구원하는 진리이다. 이 구원하는 진리는 묵상하는 진리이다. 묵상자 이름은 십자가에 죽었다가 다시 살아나신 예수 그리스도이다. '하나님은 한 분이시요 또 하나님과 사람 사이에 중보자도 한 분이시니 곧 사람이신 그리스도 예수라 그가 모든 사람을 위하여 자기를 대속물로 주셨으니 기약이 이르러 주신 증거니라'(딤전2:5,6) 성경적 진리는 손상되지 않는 진리가 아닌 고통스러운 진리이다. 진리가 깊이 인간과 관련되기 때문에 고통스럽다. 손잡이가 없는 십자가! 예수는 십자가를 지신다. 그는 우리에게 우리 존재의 깊이를 말씀하셨다. 그는 손잡이 없는 십자가를 취하라고 우리를 초대하였다. '포괄적이고 직접적인' 사고방식은 십자가의 정신에 의해 도전되어야 한다.

'이에 일어나서 아버지께로 돌아가니라 아직도 거리가 먼데 아버지가 그를 보고 측은히 여겨 달려가 목을 안고 입을 맞추니'(눅15:20) 탕자는 단지 거기에 서 있었다. 그는 아버지에 의해 안기고 입이 맞춰졌다. 아들은 서 있었고 아버지가 포옹했을 때–아들은 그를 확고하게 잡는 구원의 진리를 경험하였다.

8. 침 뱉음 당한 예수 그리스도

'그 앞에서 무릎을 꿇고 희롱하여…그에게 침 뱉고'(마27:28-31)
예수 그리스도의 '침 뱉음 당한 종국'은 '침 뱉음 당하는 주교' '침 뱉음 당하는 신학', '침 뱉음 당하는 복음주의', '침 뱉음 당하는 인종차별 투쟁', '침 뱉음 당하는 교회'…로 향한다.

'종국'(finality)이라는 단어는 나를 놀라게 한다. 한번은 내가 태국에서 예수 그리스도의 '종국'이라는 야심 찬 강의를 하였다. 나는 이 기술적인 표현을 태국말로 '예수는 나중 된 자' 또는 '나중에 나타난 자로서의 예수 그리스도'라는 의미로 번역했다. 나는 예수 그리스도와 태국 왕 사이의 유사성을 도출했다. 그들 둘은 사람들이 '마지막' 인격성이라는 의미의 마지막 분들이다. 나의 선한 회중은 기독교와 왕조는 모든 실재물의 마지막 시간 안에 있다고 생각했다! 곧 그들은 그 왕은 나중 된 자가 아니라 처음 된 자라고 하면서 거부하였다. 그는 나중 된 자가 아니라 처음 된 자이다. 그래서 즉석에서 '최후'를 '최초'로 바꾸어야만 했다. 태국어 문장으로 내가 그 전날 밤에 준비한 나의 빈약한 신학적 구조와 구성이 모두 혼동되었다.

나의 아시아 친구들은 롬5:6, 7의 이야기 듣기를 좋아 한다 : '우리가 아직 연약할 때에 기약대로 그리스도께서 경건하지 않은 자를 위하여 죽으셨도다 의인을 위하여 죽는 자가 쉽지 않고 선인을 위하여 용감히 죽는 자가 혹 있거니와' 사람들은 마5:45을 귀 기울이며 행복해한다. '이같이 한즉 하늘에 계신 너희 아버지의 아들이 되리니 이는 하나님이 그 해를 악인과 선인에게 비추시며 비를 의로운 자와 불의한 자에게 내려주심이라' 성경은 놀라운 아시아인의 이야기로 가득 차 있다. 모든 이야기는 우리에게 '그리스도를 아는 냄새'(고후2:14)로 초청한다. 그러나 만약 기독교인 메시지가 광신적 기독교로 된다면, 그것은 바로 '우월주의적 기독교', '최상의 기독교' 그리고 '종국적 기독교' 이며, 그들은 즉시 기독교를 이해하는데 있어서 교만, 우월성과 비종교성을 찾는다.

기독교가 불교, 힌두교, 이슬람과 같은 다른 종교와 비교하여 우월한 종교라는 것을 말하면 일본 음식이 인도나 영국 음식보다 더 낫다고 주장하는 것과 같다. '우월' 이라는 단어는 여기서 부적절하다. 이것은 너무 급하게 사용된 것이다. 대신에 일본식 음식(썰어놓은 참치 회와 밥)이 미국식 음식(삶아 으깨놓은 감자, 칠면조 다리, 그레이비 소스)과 다르다고 말해야 한다. 나는 얇게 썬 참치 회를 좋아한다. 그러나 그것은 일본식 음식이 미국인 음식보다 더 낫다는 것을 의미하지 않는다. 그것들은 다르다. '우월' 은 비교하는 개념이다. 이 차는 저 차보다 낫다.

추정하건대 세계의 대종교를 '객관적으로(!)' 비교해야만 하고 어떤 것이 우월성이 있는가를 결정해야 한다. '그러나 우리가 비교하기 전에 우리가 비교하는 것이 무엇인지에 대해 철저히 알아야 한다.'(Max Muller, Letter to Renan, 1883) 그러한 막중한 임무를 성취하기 위하여, 이들 종교에 대한 폭넓은 지식과 종교경험을 가질 뿐만 아니라 우월하거나 가장 훌륭한 것을 엄숙하게 선언하는 올림포스산의 꼭대기에 서야만 한다. 사람은 차들을 비교할 수 있다. 그러나 종교적 진리와 삶의 살아있는 실재를 비교하는 것은 다른 이야기이다.

오늘날 불교와 많은 관련이 있는 고타마 붓다는 실제이다. 로마 제국의 한쪽 구석에 이천 년 전에 살았던 예수라 불리는 인간은 실제이다. 무함마드가 AD 570년에 태어났다는 것은 실제이다. 우리는 그러한 실제들을 큰 범위로 넓힐 수 있다. 그러나 종교적 삶은 이러한 실제의 총합에 기초하지 않는다. 그것은 모든 실제보다도 무엇인가 더 심오한 그 자체에 뿌리를 두고 있다. 이 '뭔가 더 심오한' 이라는 것은 '객관적인' 비교를 거부한다.

종교적인 헌신은 마틴 부버(Martin Buber) 언어로 해석하면, '나-너의 관계성' (나와 붓다, 나와 알라)의 세계에 속한 것이지 '나와 그것의 관계성' (나와 책상, 나와 차)이 아니다. '그것' 은 비교하여 다룰 수 있다. '너' 는 그렇게 할 수 없다. 나는 '이것' 과 '저것' 을 비교할 수 있다. 그러나 내가 이러한 '너' 와 저러한 '너' 를 비교하고자 할 때 완전히 다른 상황에 마주친다. 나는 이전 상황을 '통제' 할 수 있는 반면에 후자는 그렇게 할 수 없다. 왜냐하면, 그것은 만남, 의미, 헌신의 관계성을 지적하고 있기 때문이다. 불교도는 붓다를 믿는다. 그는 붓다를 그의 '너' 로서 만난다. 종교적 믿음이 '그것' 으로 될 수 없다. '그것' 으로 되는 것이 거절되면 객관적으로 비교할 수 없다.

그러나 그것은 주관적으로 비교될 수 있다. '주관적인 비교' 는 비교의 개념으로 정당화할 수 없다. 그러한 비교는 대체로 다른 종교를 믿음의 자기중심적이고 자기 본위의 관찰을 하게 된다. 자기 중심성은 십자가 정신과 일치하지 않는다. '기독교를 제외한 모든 종교가 열등한 믿음' 이라고 말하는 것은 빠르고 '효율적인' 판단이다. 그러나 그것은 십자가의 정신에 의해 형성된 관찰이 아니다. 수 세기 동안 기독교인들은 위대한 쉐마의 사람들에 관한 연구 없이 기독교는 다른 종교보다도 우월하다고 빠르게 판단하고 단순하게 표현했다. 이것은 기독교 전도에 좋은 것이라기보다 더 해로운 일을 해온 것이다.

불교도들에게 '붓다 외에 다른 이름이 없다' 라고 하는 것이고 기독교인들에게 '예수 외에 다른 이름이 없다' 라는 것이고 무슬림에게는 '무하마드 외에 다른 이름이 없다' 라고 하는 것이다. 헌신에 대한 그러한 영적 상황은 '우월' 그리고 '가장 좋은'과 같은 비교하는 단어로 표현되고 구조화될 수 없다. 기독교 믿음은 만약 기독교인들이 자신들의 믿음이 우월하거나 가장 나은 종교로 부르지 않아도 아무것도 잃어버리지 않는다. 사울과 다윗의 갑옷(삼상17:38,39)과 같이 이러한 단어들은 교회의 영적인 삶에 유용하지 않다.

어느 날 나의 선교사 친구가 조심스럽게 기독교의 우월성을 위한 논의에 대한 유익을 표현했다. 그는 기독교는 힌두교보다 우월하다고 말했다. 왜냐하면, 기독교인이 되지 않으면 많은 우상을 갖기 때문이라고 말했다! 그는 힌두교 우상 중에 어떤 것들은 매우 괴상하다는 것을 지적하면서 강조했다. 나의 친구가 주장하는 자기 증거는 살아있는 진정한 신을 경배하는 것을 가르치는 종교는 우상들에게 헌신하는 것을 가르치는 종교보다 우월하다는 것이다. 나는 그의 신실함에 깊이 감명받았다.

그러나 나는 여전히 그 상황에서 '우월'이라는 단어를 사용하는 것에 대하여 기쁘지 않았다. 기독교 관점으로부터 우상 경배 (경배와 우상에 대한 기독교인의 정의를 가지고)는 온전치 못한 종교 행위이므로 '열등'하다는 것이다. 그러나 힌두교의 관점 (경배와 우상의 힌두적 관점을 가지고)으로부터, 그것은 온전한 종교 행위이며, 결코 '열등'한 종교 활동이 아니다. 그들 간에는 종교 역사와 경험의 차이가 있다. 기독교인들은 경배와 우상에 대한 그러한 힌두의 정의는 그들이 잘못된 것을 알고 말하고 싶어 한다. 그러나 힌두교도들에게 있어서 힌두 종교와 경험과 표현은 편안한 것을 의미한다. 이슬람의 관점에서 기독교 교회 안에서 이미지의 사용은 우상적 사고방식의 증거들이다.

예수 그리스도 안에서, 하나님이 우리에게 그의 마지막 계획, 마지막 신중함, 마지막 사랑에 대한 표현, 마지막 희생으로 오신 것이다–이 것은 기독교인들이 신앙 안에서 고백하는 것이다. 신학자들이 '그리스도의 종국'이라는 문구로 기술적으로 표현하는 이야기는 십자가 정신을 가진 이야기로 다시 말해져야만 한다. 그것이 예수가 한 것이다!

> 요한이 옥에서 그리스도께서 하신 일을 듣고 제자들을 보내어 예수께 여짜오되 오실 그이가 당신이오니이까 우리가 다른 이를 기다리오리이까 예수께서 대답하여 이르시되 너희가 가서 듣고 보는 것을 요한에게 알리되 맹인이 보며 못 걷는 사람이 걸으며 나병환자가 깨끗함을 받으며 못 듣는 자가 들으며 죽은 자가 살아나며 가난한 자에게 복음이 전파된다 하라 누구든지 나로 말미암아 실족하지 아니하는 자는 복이 있도다 하시니라(마11:2-6).

세례요한은 감옥에 있었다. 감옥으로부터 그는 예수님께 오실 이가 바로 당신이냐고 하는 질문을 보냈다. 그는 감옥에 감금되었다. 그는 고통스러웠다. 그는 자기 사명에 대한 깊은 환멸과 실망을 느꼈음이 틀림없다. 그는 어두움에 둘려 빠르게 짙어지는 것을 느꼈음이 틀림없다. 그는 예수가 진실로 올 그인지를 아는 것이 절실하게 필요했다. 그의 전 생애와 사명은 이 한 가지 질문에 대한 답변에 달려 있었다. 맞다. 그는 예수님을 소개했다. '나는…그의 앞에 보내심을 받은 자라…그는 흥하여야 하겠고 나는 쇠하여야 하리라 하니라'(요3:28,30) 감옥의 벽 안에서 그는 예수님의 사역에 대해서 들었고 지금 그는 예수님의 말씀이 그에게 보내지길 바랐다. 예수의 대답은 직접적이었다. 그는 메시아 시대의 다가올 실제를 표현한다. 그 메시지는 이 의미 있는 한 문장으로 표현된다. '나로 인해 실족하지 않는 자는 복이 있도다' 예수의 목적에 대한 질문은 감옥의 벽 안에 갇혀있는 죄수로 의해 최초로 요청되어 알게 된 중요한 것이었다! 냉방장치가 된 대학교 도서관이나 카펫이 깔린 라운지를 가진 신학교에서 다루어질 이 주제에 대한 논의는 그들이 '감옥 안에서의 신학'의 최초 상황 안에서 관련되었을 때만 의미 있게 될 것이다.

그는 오실 분이다. 어떻게 여러분은 아는가? '네가 들은 것과 본 것을 요한에게 말하라' 사람에 대한 놀라운 신적 회복, 재통합 그리고 치유가 일어나고 있다! 그것이 예수가 오실 바로 그분이라는 자기 증거인가? 자기 증거? 아니다. 전혀 그렇지 않다. 그를 거부하는 많은 사람(그에게 거치는 사람들)이 항상 있었다. 예수님은 믿음에 있어서 그에게 걸려 넘어지는 사람들에게 강요하지 않았다. 그는 단지 '복 있는 사람들은…'이라고 말했다. '네가 보고 들은 것을 요한에게 가서 말하라' 이것은 특별한 차원을 포함하는 일상적인 들음과 봄이다.

너는 듣는가? 너는 보는가? '복 있는 사람들은…' '예수 그리스도의 종국성'은 성경으로부터 백 가지 강력한 인용을 가지더라도 증명될 수 없다. 그것은 '객관적 증명'의 방식에 의해 세워질 수 있는 사고나 위치가 아니다. 그것은 '복 있는 사람들은…'의 범위에 속한다. 그것은 우리의 일상적인 들음과 봄이 기이한 들음과 봄에 의해 관통될 때 일어난다! '또 이르시되 들을 귀 있는 자는 들으라 하시니라'(막4:9) 혹 내가 이상하게 여겨질 수도 있지만, 이것은 '예수 그리스도의 종국성'에 대해 예수님 자신이 행하는 방식이다.

여러분은 요셉의 꿈을 기억하는가? 어떻게 그의 곡식단이 섰는가? 지금까지 그리스도의 종국성에 관한 논의는 나의 곡식단이 서 있는 신학인 요셉의 달콤한 꿈의 틀 안에서 뚜렷하게 형성되었다. 모든 다른 종교들은 기독교의 똑바로 서 있는 곡식단에 절하는 것을 예측한다. 종종 이러한 생각은 부성적-식민지적 감성과 언어에 의해 지지되었다. 예를 들면, 우리는 1975년조차도 아시아인이 선교사들의 기독교인 교훈이 없이 도덕적 삶을 사는 의미를 알 수 없다고 예수 그리스도의 종국성의 지지자들의 입으로부터 들을 수 있다!

오늘날 기독교인은 얼마나 깊숙이 그들이 요셉의 기쁨의 꿈을 꿈꾸고 있는지 깨닫지 못한다. 예수 그리스도가 약속된 올 자라는 것은 십자가에 못 박힌 진리이다. 그것은 비교 연구로 형성된 일반적인 진리가 아니다. '그러나 내게는 우리 주 예수 그리스도의 십자가 외에 결코 자랑할 것이 없으니 그리스도로 말미암아 세상이 나를 대하여 십자가에 못 박히고 내가 또한 세상을 대하여 그러하니라'(갈6:14) 이 새로운 자기 정체성은 '우리 주 예수 그리스도의 십자가'에 기원하며 약속대로 오실 그분을 가리키는 것이다. 십자가의 진리는 십자가 정신에 의해 선포되어야 한다.

'두세 사람이 내 이름으로 모인 곳에는 나도 그들 중에 있느니라'(마18:20) 이것은 단지 교회에만이 아니라 태국, 홍콩, 스위스 등 모든 선교 상황에 주어진 약속이다. '나의 이름'은 고통받는 자의 이름이다. '…그 앞에서 무릎을 꿇고 희롱하여…그에게 침 뱉고…치더라 …홍포를 벗기고…'(마27:28-31) 만약 예수 그리스도가 조롱당하였고, 침 뱉음을 당하고, 채찍질 당한다면, 그다음 그의 목적성은 조롱 되고, 침 뱉음을 당하고, 채찍질 당하였다. '조롱받는 종국성'은 기독론적 종국성이다. 그러나 '조롱받는 종국성'과 '침 뱉음 당하는 종국성'은 일반적인 종국성 또는 우월성의 개념 아래에서 나오는 것이 아니다.

예수님이 '오실 그분', '다른 이름이 없는', '두세 사람이 있는 곳에 나도 그들 중에 있는…' 것은 그가 조롱하는 자를 구원하며 침 뱉는 자를 깨끗하게 하는 것을 가리킨다. 예수 그리스도의 종국성-얼마나 다른 종국성 개념인가!-은 부분적으로 관련되는 것 대신에 우리를 사로잡는다. 교회와 선교는 함께 이 이름으로부터 그들의 삶을 이끈다. 침 뱉음 당하는 예수는 침 뱉음 당하는 종국성을 의미한다. 그것은 '침 뱉음 당하는 주교들', '챔 뱉음 당하는 신학', '침 뱉음 당하는 복음주의', '침 뱉는 당하는 인종차별 투쟁', '침 뱉음 당하는 교회'를 의미하는 것이 틀림없다. 예수님의 종국성과 '침 뱉음 당하는 존재'는 함께 간다! 예수님의 영광과 '침 뱉음 당하는 존재'는 함께 간다! 종국성에 관한 그러한 개념은 온정주의적 사고방식과 정반대이다. 만약 온정주의가 취할 수 없는 한 가지가 있다면 그것은 침 뱉음 당하는 행위이다

'사도적이 되는 것'의 의미는 '침 뱉음을 당할 준비가 되는 것'을 의미한다. '비방을 받은즉 권면하니 우리가 지금까지 세상의 더러운 것과 만물의 찌꺼기같이 되었도다'(고전4:13) 역사는 두 가지 방식으로 접근될 수 있다. 다른 사람들에게 침 뱉는 방식과 다른 사람들에 의해 침 뱉음을 당하는 방식이다. 역사는 전자에 의해 피상적으로 작용하지만, 후자에 의해 심오하게 작용한다. 교회론과 선교학은 후자에 근원을 두는 것이 틀림없다. 왜냐하면, 모든 일의 첫 생명과 죽은 자 가운데 첫

생명은 우리에게 후자의 방식으로 다가왔다. 나는 어느 정도 교회가 아시아에 있는 다른 종교 믿음과 영적 전통에 침을 뱉어왔다는 것을 주장하는데, 교회는 아시아 사람과 역사에 기독론적 영향이 피상적으로 되어버렸다. 교회가 침 뱉음을 당하였다는 정도가 되기 위해서는 교회가 사명이 살아있고 역사를 치유했다는 것이다.

빌라도 앞에 예수님은 우리를 당황하게 한다. '대제사장들이 여러 가지로 고발하는지라 빌라도가 또 물어 이르되 아무 대답도 없느냐 그들이 얼마나 많은 것으로 너를 고발하는가 보라 하되 예수께서 다시 아무 말씀으로도 대답하지 아니하시니 빌라도가 놀랍게 여기더라'(막 15:3-5) 이것은 예수가 자기변호와 그의 사명에 말한 기회가 없었다는 것인가? 그는 침묵을 유지했다. '태초에 말씀이 계시니라' 이것은 마치 '태초에 침묵이 있었더라' 와 같은 바로 그 말씀이다. 게네사렛 빌립보에서 '그는 제자들에게 그가 그리스도라는 것을 어느 사람에게도 말하지 말라고 엄격히 당부했다.' 이것은 다시 우리를 당황하게 한다. 왜 모든 사람에게 구원하는 진리를 말하지 말라고 했는가? 이것은 예수님이 그의 '종국성' 이 떠들썩하게 말해지는 것은 싫어하는 것을 나타내는 것이 아닌가?

'종국성', '우월성', '최고의 종교는 기독교이다' 라는 논의들은 '포괄적' 인 관찰에 기반을 두어 예수 그리스도에 대해 말하려고 노력하는 정신으로 동기화된 것이었다. 종국성, 우월성, 최고라는 개념은 포괄적인 평가의 결과이다. 그러나 신학적인 인식은 데이터에 사로잡히는 대신에 먼저 은혜에 사로잡혀야 한다. 손잡이 없는 십자가! 신학적인 언어는 종합적이고 비교적인 대신에 상징적이고 성만찬적이며 계시적이다. 그것은 '본래 하나님을 본 사람이 없으되 아버지 품속에 있는 독생하신 하나님이 나타내셨느니라'(요1:18) 때문에 그렇다. 만약 우리가 예수 그리스도의 '종국성'에 대하여 말해야만 한다면, 우리는 그것이 '조롱받은 종국성', '숨겨진 종국성', '십자가에 못 박힌 종국성'을 알아야 한다. 독생자는 그가 자신을 우리에게 내어주신 것처럼 하나님이 우리를 아신 바 된다고 하였다.

'조롱받은 종국성'의 신학을 동남아시아 삶에 관련지어 보자. 동남아시아 전통적인 삶의 방식, 가치의 의미, 인간관계를 형성하는 예절, 교육, 교통수단, 정치적 조직 등은 서구 문명이 가져온 긍정적, 부정적인 가치에 의해 왜곡된다. 비평적인 역사적 시기에 동남아시아 사람들은 굉장한 신학적 중요성이 있는 두 가지 범위와 관련되어 있다. 이것을 신약성경 언어로 표현해 보자. 첫 번째 범위는 '더러운 귀신아 그 사람에게서 나오라 하셨음이라'(막5:8), 두 번째 범위는 '사람이 떡으로만 살 것이 아니요 하나님의 입으로부터 나오는 모든 말씀으로 살 것이라 하였느니라 하시니'(마4:4, 신8:3)

동남아시아의 극빈하고 노동착취를 당하는 대중은 외친다. '그 나라에서 나오라. 너는 부패, 압제, 약탈, 인플레이션의 더러운 영아!' 부정한 영의 사역은 부패가 나의 경제와 도덕으로 절름발이를 만들 때 명백하게 거기에 있다. 20살 여인이 하루에 열 시간 일하면서 단지 5 싱가포르 달러를 받는다. 수많은 인간 존엄성의 희생을 통하여 부자들은 더 부자가 된다. '그 사람에게서 나오라 더러운 영아!' 어떤 다른 메시지도 좌절한 대중의 정신에 더 가까운 것이 없다. 그들은 더러운 영이 역사하는 것과 쉽게 나오지 않는다는 것을 경험한다. 어느 메시지도 좌절된 대중의 정신에 가까운 것은 없다. 그들은 더러운 영이 영향력이 있고 쉽게 나오지 않는다는 것을 경험한다. 그러나 대중들은 '나오라…'고 말하는 것을 그만두지 않는다. 그들은 큰 좌절 가운데 '희망에 반하는 희망'을 추구한다. 여기서 '기독교인 문명'의 실제는 그리스도 왕국의 전통적인 문명화와 완전히 다르다는 것이다.

대중이 더러운 영의 추방을 외칠 때, 그들은 예수 그리스도의 축귀에 참여하지 않는가? 이것은 위대한 영적 노력과 각성의 표징이 아닌가? 그들이 '그 남자에게서 나오라, 더러운 영아'라고 착취자들-정말, 잔인한 착취자들-에게 말할 때, 그들은 그의 이름을 인식하지 않을지라도 예수 그리스도를 가리키지 않는가? 맞다. 그들은 예수 그리스도의 이름을 인식하지 않는다. 그러나 그의 이름이 거기에 있고 그의 이름은 십자가에 못 박힌 자의 이름이다. 이 이름은 조롱받는 이름이고, 침 뱉음을 당한 이름으로 -얼마나 놀랍고 얼마나 이상한가! -그 이름은 악한 이름들을 추방한다. 그것은 악한 힘에 의해 조롱되고-즉 그것 때문에! -그것은 악한 힘에 대항하며 사로잡는다(고후10:3-5). 조롱된 이름은 악한 이름들을 추방하는 바로 그 이름이다!

근대화가 동남아시아의 사람들에게 영향을 주는 데 있어서 두 가지 해석이 가능하다. 그것은 '돌'과 '빵'이다(마7:9). 대중은 근대화 영향의 '빵'의 특성에 관심을 둔다. 새로운 수송의 가능한 수단은 아픈 아이를 15㎞ 떨어진 병원에 심지어 비가 오더라도 데려갈 수 있다. 그것은 '빵'이다. 유비쿼터스 일제 트랜지스터라디오는 대중들에게 경제, 정치, 인종, 기술적, 국내-국제 상황에 대한 정보를 얻게 한다. 그것은 '빵'이다. 그들의 정보 유입은 현상적으로 증가한다. 효과적인 인쇄기는 동남아시아 수백만 어린이들의 손에 질이 좋은 교과서들을 갖게 한다. 교육은 보편화되며 향상되어가고 있다. 그것은 또 새롭게 구워진 '빵'이다. 기술은 부엌에 수돗물을 가져왔다. 전화는 거리를 단축했다.

동남아시아의 사람들은 지금 모든 종류의 새로 구운 문명화 '빵'을 맛보기 시작하고 있다.

새로 구워진 '빵'은 '사람이 빵으로만 살 것이 아니요 하나님의 입에서 나오는 모든 말씀으로 살 것이라'는 상황 가운데 있다. 인간성에 대한 각 문화적 상황은 '하나님의 입으로 나오는 말씀'을 가지고 있다. 종종 공동체의 장로들의 합의 또는 인간 양심의 소리가 있다. 다른 경우에 그것은 불교 또는 이슬람, 그 밖의 근본적인 교리이다. 각각의 실제 상황 안에서 새로 구워진 '빵'은 조사된다. 어떻게 그것은 '하나님의 입으로 나오는 모든 말씀'으로 대표되는가? '빵만'으로는 충분하지 않다. '빵만'은 인간 영성의 행복에 위험하다. '옷만'은 불유쾌하고 비뚤어지게 된다. '집만'은 영적으로 낭비되는 '큰 집 명성 주의'가 된다. '성만'은 무기력한 성차별이 된다. '돈만'은 비인간적인 착취적인 이기주의가 된다. '두뇌만'은 인간 지성의 위험한 우상이 된다. '일만'은 스스로 과한 노예의 제도가 된다. '기술력으로만'은 인간의 삶을 위협한다. '권력만'은 억압적인 사회를 양산하는 파괴적인 권력이 된다. '종교만'으로는 자기의의 인간관계가 된다.

빵, 의복, 집, 성, 돈, 두뇌, 일, 기술력, 권력, 종교는 '하나님의 입으로 나오는 모든 말씀'에 의해 조명되고 판단돼야 한다. 나는 이것이 하나님의 분명한 성경 말씀으로부터 추론되는 일이라고 말한다. 동남아시아 사람들이 '빵만…'이라는 논쟁 안에 관련될 때 그들은 예수 그리스도의 이름을 의식적으로 연관시키지 않는다. 그러나 그것은 심오한 성경적 신학적 논의이며, 이 중요한 것에 인간의 기본적인 복지를 다루기 때문이다. 예수 그리스도의 이름이 거기에 있다. 그것은 믿음 안에서 고백 되는 것이 아니다. 그것은 거기에 있다. 어디? 인간 삶의 모든 이 구체적 상황 안에서 예수 그리스도는 깊숙이 그곳에 있는데 왜냐하면 그 것은 그의 이름이 그곳에 오고 존재하는 침 뱉음 당하는 종국성을 멈추 기가 불가능하기 때문이다. 그의 이름이 단순히 '종국성'(그 중심에 나 의 곡식단)을 위하여 단순히 대표된다면 그를 멈추는 것은 가능하다. 그러나 어느 사람도 주를 조롱하고 침 뱉는 방식을 가로막을 수 없다. 침 뱉음 당하는 주님은 우주적인 주님이시다! 어떤 상황도 그를 놀라게 하지 않는다.

'모든 세리와 죄인들이 말씀을 들으러 가까이 나아오니 바리새인 과 서기관들이 수군거려 이르되 이 사람이 죄인을 영접하고 음식을 같 이 먹는다 하더라'(눅15:1,2) 그는 그 자신의 '종국성'을 그가 '그들과 먹을' 때 나타낸다. 우리가 비교의 방식에 의해서 그의 목적성을 세워 야 하는가? 어떤 신학적 증명에 의한 방식에 의해서? 그를 위한 그의 목적성을 세우는 것은 우리의 일이 아니다. '누가 주의 마음을 알았느 냐 누가 그의 모사가 되었느냐'(롬11:34). 우리는 주님의 살아있는 능 력에 사로잡힌다. 우리는 기반에 놓여있지 않기 때문에 믿음에 대한 우 리의 기반은 무한적으로 더욱 안정하다. 침 뱉음 당하는 종국성은 십자 가에 못 박힌 종국성이다. 그의 고통당하는 종국성(십자가) 안에서 우리 는 삶이 다시 새롭게 되고 부활하는 가능성을 발견한다. 그것이 우리에 게 다가온다! 우리는 그것을 창조하지 않았다! 손잡이 없는 십자가!

9. 기독교에 역사의식이 있는가?

이야기 신학과 이론 신학의 관계성.

교사-콤플렉스는 역사에 관한 기독교적 의미를 무디게 한다.

'하나님의 공평'은 기독교를 역사로 이끄는 다종교 상황에서 강조된다.

단지 '가라'가 아니라, '가라, 그러므로…'

그리스도는 십자가에 못 박혔는가? 또는 다른 사람들을 못 박는가?

회개로 인하여 우리는 깊이 역사적으로 되어간다.

오늘 밤 우리가 방콕(천사들의 도시)을 스스로 상상해 보자. 우리는 거리 모퉁이 식당가 중 한 곳에 앉아있다. 팥무드리아우완(달콤하고 신 돼지고기)과 밥이 담긴 그릇들의 20밧(태국 화폐단위)짜리 음식을 먹자. 이 '독특한'의 음식(달콤하지만 시고, 시지만 달콤한-얼마나 신비로운 맛인가!)을 통하여 우리는 동남아시아에 있는 신학과 목회에 관해 진솔한 이야기를 나눌 수 있을 것이다. 내가 말하는 동안 내 큰 입으로 한두 마리 모기가 날아 들어간다는 것을 안다! 전에 일어났던 일이다.

이상하게도 내가 기독교가 역사에 관심이 없는 것으로 알았다고 여러분이 듣는다면 놀라리라 장담한다. 내가 신학교 학생이었을 때, 나는 교과서와 선생님들로부터 충격을 받았는데, 그것은 기독교는 강력한 역사적 종교라는 것이다. 그것은 역사적 뿌리를 가진 믿음이다. 그것은 출애굽의 하나님이 역사 안에서 간섭하시는 믿음이다. 예수 그리스도는 역사적 인물이며 하나님께서 성육신하신 것이다. 나사렛 예수 안에서 하나님의 궁극적인 구원 의도는 역사 안에서 실현되었다. 나는 교과서와 선생님들이 옳았다고 생각한다. 만약 우리가 기독교 믿음으로부터 역사적 차원을 멀리한다면 우리는 살아있는 몸에서 피를 빼내는 것이다.

기독교 믿음은 역사에 뿌리를 두고 있다. 그것은 예수 그리스도가 십자가에 못 박히고 침 뱉음을 당하는 주님이라는 것 때문에 더욱 그러하다. 그러나 기독교라 불리는 종교는 다른 방식으로 행할 수 있다. 기독교가 역사에 대해서 상관이 없다거나 '역사에 뿌리를 내린 믿음'이라는 의미를 이해하려고 노력하지 않는 것은 나에게 감동 주는 아시아에서 오늘날 내가 보고 경험하는 것이다. 기독교는 아시아 역사에 피상적으로만 접촉됐다. 그것은 그리스도가 로마 군인들에 의해 침 뱉음을 당한 것처럼 아시아인들에 의해 진실로 침 뱉음을 당하지 않았다는 것이다.

역사란 무엇인가? 나는 스스로 이것을 정의하기 쉽지 않다는 것을 안다. 나는 의학연구자들이 실험용 쥐를 조사하는 것처럼 탁자 위에 역사를 놓고 바라볼 수 없다. 역사는 나에게 텔레비전 세트 안의 배선들과 다른 충격을 준다. 나는 역사란 살아있고, 예측 불가하고, 항상 희망과 절망 사이를 오가는 것이라고 느낀다. 역사는 전기적인 이야기이다. 그것은 기본적으로 이론이기보다는 이야기이다. 나는 성경이 이론이 아닌 이야기를 다룬다고 이해한다. 성경의 하나님은 이론의 하나님이 아니고 이야기의 하나님이다. 역사는 손잡이에 의해 좌우되는 것이 아닌 한 이야기일 수 있다. 정확히 나는 이 시점에서 역사의 신비로움과 흥미로운 점을 발견한다.

지난 15년 동안 동남 아시아인들은 '도미노이론'이라 불리는 그들의 역사에 있어서 논의의 여지가 없는 세속적인 이론(미국에서 만들어진)의 주문에 걸려 살았다. 만약 남베트남이 공산주의가 되면 도미노처럼 그다음 캄보디아, 라오스, 태국, 말레이시아, 인도네시아가 공산화될 것이다. 이것은 격렬한 논쟁이라고 할 수 있는데 왜냐하면 그것은 역사에 강력한 핸들을 놓는 격이 되기 때문이다. 나는 이 이론이 비상식적이라고 말할 준비가 되어있지 않다. 그러나 동남아시아에서 역사 속에서 만들어진 이 이론은 동남아시아인 자본 안의 무력화된 도덕적 퇴락이다; 만연한 타락, 인간에 대한 무자비한 약탈, 인간 권리의 전적 부정, 전체주의 정부의 연속적인 등장, 통제된 교육. 도미노이론은 그 자체로 좋은 인상을 주지 못한다. '도미노이론'은 '살아있는 이야기'를 다루는데 침묵했고, 미국 달러는 동남아 정부의 '고위급 이름' 하에 '도미노화' 해서 스위스 은행까지 보내졌다.

아시아는 그 자체의 역사(이야기)가 있다. 기독교(예수 그리스도가 아닌)는 이 이야기에 접근했고 종종 그것을 조종했으며 마음대로 그것을 처리하려고 했다. 아시아인의 이야기는 이론적 정신에 의해 이론처럼 다루어졌다. 이야기가 이론으로 다루어질 때, 그것은 자체의 생명을 잃는다. 기독교적 삶과 기독교 교리는 통합적인 구성으로 만들어져야 한다. 그러나 삶, 이야기는 우선으로 되어야 한다. 이론은 이야기를 명확하게 하고 해결의 실마리를 준다. 이론은 이야기의 역사적, 문화적인 상황에 근거한 것이어야 한다. 꽃꽂이의 일본식 이론은 그 꽃에 대한 계속된 경험으로부터 온다. 민주주의에 관한 영국 이론은 민주주의적 역사(이야기)에 관한 오랜 경험에 깊게 견고하게 뿌리를 내렸다. 외국이론이 이야기에 이용될 때 분명하게 그 이야기가 감수되어야 할 것이 있다.

만약 내가 이 시점에 일반화에 대해 용기 내어 말한다면, 오늘날 아시아는 역사적으로 활발한 서구 이론과 아시아 이야기 간의 강한 갈등을 경험하고 있다고 말하고 싶다. 선교 영역에 있어서, 이것은 어떤 서구 선교 이론들이 아시아 기독교인 경험을 형성하는 데 익숙하다는 것을 의미한다. 아시아인은 그들 자신의 역사적, 문화적 상황에서 벗어나는 것에 의문시해왔다. 아시아 기독교인들은 종종 자신들의 역사적 공동체 안에서 문화적으로 기형적으로 만들어지거나 심지어 문화적 괴물들이다! 그러한 경험이 흉내를 낸 것이라고 해도 비록 고통스러운 일이지만 사실이다. 고통과 흉내는 상호 관계 개념이다. 그러나 그것은 아시아적 이야기에 기반을 둔 외국이론의 부주의하고 급진적인 사용이라고 핑계할 수 없다. 나는 얼마나 책임 있는 온갖 교단적 이론들이 아시아 기독교인 가운데 그러한 역사적 소외를 만들어냈는가를 지적해야만 한다.

나는 아시아의 기독교 역사가 이 방식으로 전체적으로 '핸들이 달린' 것이 아니라는 지적에 신속해야만 한다. '손잡이가 없는' 십자가 정신 신학의 이야기에 감동이 있다. 수많은 아시아인은 다른 사람들을 위하여 자신을 부인한 예수 그리스도에 기초를 두고 있다. 아시아 이야기와 예수 그리스도의 이야기는 자무나강이 큰 갠지스강으로 흘러가듯이 만나고 융합된다. 아시아의 이야기는 이야기처럼 들려진다. 예수 이야기는 하나의 이야기로 들려진다. 그리고 두 이야기는 하나의 이야기로 합류된다. 그러나 안타깝게도 이론은 종종 아시아 기독교 역사 안의 이야기를 공격하는데, 아시아인 스스로에게도 책임이 있다. 이론 정신은 '지혜롭고' '강하다'. 그것은 '자원이 풍부하다'. 그것은 높은 영양가의 점심 도시락으로 상징된다. 그것은 선교 상황을 '핸들' 하기에 능해 보이고 사람들에게 따분하게 하는 많은 '올바른' 답과 과정을 가지고 있다. 만약 기독교가 진지하게 역사에 관심을 둔다면, 아시아 사람들의 이야기들에 귀 기울이게 될 것이고 그리하여 아시아 사람들 가운데 매우 흥미로운 신앙이 될 것이다.

둘째, '지혜롭고', '강한' 기독교는 가르치길 원한다. 그러한 기독교는 배움을 원하지 않는다. 그러한 기독교는 사람들로부터 배움을 원하지 않기 때문에 덜 역사적인 종교가 된다. 교육은 전적으로 역사적 과정이다. '…너 하나님 여호와께서 이 사십 년 동안에 네게 광야 길을 걷게 하신 것을 기억하라 이는 너를 낮추시며 너를 시험하사 네 마음이 어떠한지 그 명령을 지키는지 지키지 않는지 알려 하심이라'(신8:2) 만약 종교가 외면적 교육 과정을 대표한다면, 그것은 불가사의한 비역사적 특징을 가정하여 시작한다.

그러한 기독교는 '효율적' 이지만, 침 뱉은 당하는 주님의 관점에서는 아마 '비효율적' 인 것이다. 역사로부터 거리가 떨어질수록 기독교적 행위는 더욱 '효과적' 이게 될 것이다. '하나님의 어리석음이 사람보다 지혜롭고 하나님의 약하심이 사람보다 강하니라'(고전1:25)에서 그 의미는 역사의 하나님 경험이 우리의 것보다 더 깊다는 것이다. 역사를 관통하면 할수록, 기독교의 행위는 덜 '효율적' 이 될 것이다. 선교학적으로 말하면, '효율' 은 역사의 피상적인 의미를 드러내고 우상의 정신이 된다. 그것은 영적 개념에 우상적인 것을 가져오고 효율성은 녹이는 항아리로 들어간다(출32:24) 명령에서 효율적으로 따르고자 하는 '진실' 은 대부분 비진리(우상)이다.

태국 불교도들은 방콕에 있는 대리석 사원(Marble Temple) 안에 있는 부처상에 존경을 표할 때, 그들은 우상숭배와 연관된 것은 아니다.

만약 그들이 그렇다고 생각한다면, 당신의 신학은 지나치게 능률적인 것이다. 존경을 표현하는 불교도의 배경에는 종교경험에 의한 수 세기의 역사가 있다. 우상숭배는 '3번 머리를 숙여 절하는 것' 이상 미묘한 면이 있다. '바리새인은 서서 따로 기도하여 이르되 하나님이여 나는 다른 사람들 곧 토색, 불의, 간음을 하는 자들과 같지 아니하고 이 세리와도 같지 아니함을 감사하나이다' (눅18:11) 하나님의 이름이 언급된다. 그러나 하나님의 이름은 여기서 심판과 구원을 의미하지 않는다.

'하나님께 감사하는 나' 에서 '나' 는 '하나님' 보다 더 중심적이다. 이것이 우상적이지 않은가? 그는 하나님 앞에 자신의 위치를 세우는데 지나치게 효과적인지 않은가? 그는 '하나님의 이름' 으로 영성과 효과성을 결합하는 것이 아닌가? 그것은 사람이 머뭇거리지 않고 영성과 효과성을 결합하는 우상들 앞에서만 있어서 이것이 우상숭배 하는 것 아닌가? 이것은 사람이 '교사-콤플렉스' 로부터 고통 하는 것이 아닌가? 그가 하나님께 신학적 교훈을 주는 것이 아닌가? 그가 하나님께 효과적인 강의자가 아닌가? 이 사람과 같이, '교사-콤플렉스' 로 인하여 고통 하는 기독교는 진정으로 자신의 이야기를 가지고 살아가는 사람들의 역사 안으로 깊이 들어갈 수 없다. 그러므로 효율성, 우상숭배, 교사-콤플렉스는 상호 연관되어있다.

주요 개신교 교단 중의 한 교단은 1975년 범세계 선교에 대하여 이렇게 말한다. '범세계적인 선교를 주도하는 것과 복음주의 공격' '복음주의 공격' 은 진실로 이상한 '기독교적' 표현이다! 누구에게 공격하는가? '해외' 에 있는 사람들에게? 이방인에게? 이 대교단이 아직도 복음주의를 '공격' 이라는 용어로 생각하는가? '나무 아래' (갈3:13) 있는 예수 그리스도인가 또는 펜타곤 아래 있는 것인가? 무엇이 십자가에 못 박힌 주(갈3:1)를 지시하는 것 이상의 복음주의인가? 어떤 사람이 '십자가에 못 박힘으로 공적으로 초상화 된' 그분으로부터 '공격'의 의미를 만들 수 있는가? 나는 여기서 아시아에 있는 기독교에 역사적으로 피상적이고 가현설적으로 군사적인 교사-콤플렉스로 된 증거가 있다고 느낀다.

(밥을 좀 더 먹자. 세븐업 음료는 어떤가? 여러분은 중국에서 동물학이 왜 발달하지 않았는지 아는가? 중국 사람들은 나에게 말하기를 동물에 관해 연구하기보다 요리하는데 더 흥미를 느꼈기 때문이라고 한다! 그래서 여기에 좀 더 달콤하면서 신 돼지고기가 있다!)

세 번째, 기독교는 종교이다. 여러분은 이것에 대해 반대할 수 있다. '옳다'라고 말할 수도 있는데 '만약 기독교가 종교라면, 그것은 왜곡된, 틀린, 인간이 만든 종교를 거부하는 진정한 참 종교이다. 기독교는 그리스도 안에서 살아있는 하나님을 믿는 신앙이고 그러므로 일반적인 의미의 종교가 아니다!' 제발 기독교가 예수 그리스도와 동일시되지 않는다는 것을 기억하라. 기독교인들은 '그리스도와 같은' 것으로 가정된다. 그러나 그러한 경우는 매우 드물다. 우리가 실망스럽거나 화나는 것일지라도 사실이다. 주교의 집은 '그리스도와 같은' 주교의 집이라고 반드시 의미하지 않는다. 우리가 아는 예수 그리스도와 기독교 간에는 거리가 있다. '나더러 주여 주여 하는 자마다 다 천국에 들어갈 것이 아니요 다만 하늘에 계신 내 아버지의 뜻대로 행하는 자라야 들어가리라'(마7:21) 예수 그리스도를 '주여 주여'라고 부르는 종교는 기독교이다. 그러나 기독교인(예수 그리스도를 주여 주여 부르는) '내 아버지의 뜻대로' 행하지 않는 것이 가능하다.

고린도인들에게 보낸 바울의 편지는 약 AD 53, 54에 쓰였는데, 사도들은 교회 안의 분파에 대해서 말했다(고전1:10-17). 교회 내의 분파는 확실히 '내 아버지의 뜻'이 아니었다. 기독교는 역사적으로 힌두교, 불교, 이슬람처럼 발전된 종교이다. 신적인, 순수한, 오점이 없는 그러한 기독교가 아니다. 한 종교로서 칼 바르트는 다른 종교들과 함께 기독교는 그리스도의 복음의 판단 아래 있게 된다. '악을 행하는 각 사람의 영에는 환난과 곤고가 있으리니 먼저는 유대인에게요 그리고 헬라인에게며 선을 행하는 각 사람에게는 영광과 존귀와 평강이 있으리니 먼저는 유대인에게요 그리고 헬라인에게라 이는 하나님께서 외모로 사람을 취하지 아니하심이라.'(롬2:9-11)

나는 여러분이 로마서 2장 9-11절을 좋아하지 않으리라 본다. 추측건대 여러분은 이러한 하나님의 공명정대한 메시지가 참 구원신학, 즉 이신칭의(롬3:21)의 단지 신학적 준비를 위한 한 부분이라고 생각한다. 그러나 나는 아시아(서양에서도)에서 신학과 목회의 삶에, 원래(무하마드 알리처럼) 음료의 맛을 상실한 이신칭의 교리를 보았다. 아마이 '모든 교리의 왕자'(루터)와 아시아 문명화의 정신은 창조적인 결합을 생성하지 않는다. 이신칭의 교리는 그 자체가 의미 있기 위한 배경막이 되기 위해서는 하나님의 의의 강한 뜻을 요청된다.

나는 하나님의 의에 대한 그러한 신학적 경험이 역사적으로 우리 문명화의 일부분으로 생각하지 않는다. 그러나 지금⋯다가오고 있다! 그것은 하나님의 공명정대의 형태로의 다가옴이다. 나는 기독교인들이 하나님의 공명정대함을 신중하게-불행하게도 이러한 일은 거의 일어나지 않는다-취급할 때 이신칭의의 교리가 아시아인들에게 의미로 다가오기 시작하는 것을 보아왔다. 그러나 그들이 하나님-악(그의 종교적 헌신이 무엇이든 간에)을 행하는 모든 인류(그의 종교적 헌신이 무엇이든 간에)

에게 시련과 고통이 있다—의 공명정대한 성격을 무시할 때 이신칭의 교리는 공허한 말이 된다. 공명정대하신 하나님은 의의 하나님이다. 그는 공명정대하므로 의롭다. 그 의미는 하나님의 공명정대성에 대한 인식이 아시아의 다른 종교 간 상황 속에서 교회 안에 나타난다는 것이다.

다른 살아있는 믿음을 가진 사람들은 아시아 기독교인들이 기독교 하나님의 공명정대성을 심각하게 고려하기를 요구한다. 기독교인의 진정성은 하나님의 공명정대성 의미에 뿌리를 두어야 한다고 말하고 있다. 나는 그들이 기독교인 믿음의 역사적 헌신에 이바지한다고 믿는다. 그들은 아시아에서 '이신칭의' 교리를 깊이 있고 진정한 평가가 되기 위한 창조적인 아시아인 상황에 아시아 교회들을 지명하고 있다. 만약 우리가 깊이 롬3:21을 간직하길 원한다면, 깊이 롬2:9-11를 간직해야만 한다. 후자는 전자를 세우는 벽돌들이다. 만약 루터 시대의 언어로 내 관점을 표현한다면, 다른 종교 간 상황은 아시아 기독교인들에게 '어거스틴적 수도원' 의 아시아의 버전에 들어가기를 촉구한다.

타종교 간 상황 안에서, 하나님의 공명정대는 추상적인 신학적 개념이 아니다. 역사적 다른 종교 간 상황이 오늘날 우리와 함께 있다. 기독교인들이 불교도와 만나고, 무슬림들이 힌두인들과 일하고, 불교도의 자녀가 기독교 학교에 간다. 기독교 교회는 '나의 곡식더미가 서는 신학' 을 버리고 하나님 공명정대의 역사적 심판을 마주함으로 역사 속에서 그 근원의 표현하는 기회를 얻는 것이다. 우리가 다른 종교 간 상황으로부터 듣는 신학적 메시지는 하나님의 공명정대성이다. 자비의 행위는 어떤 이름으로도 행해지건 자비의 행위이다. 뇌물수수를 거절하는 것은 어떤 이름으로 거절되었든지 옳은 행위이다. 상처 난 사람을 돌보는 것은 어떤 이름으로 행해졌든지 칭찬할만하다. 아시아의 교회들이 하나님의 공명정대성을 무시하는 한 그들은 역사에 무책임한 자로 남는다.

역사의 구체적인 상황에서, 기독교는 종교 중의 종교이다. 기독교인들은 그렇게 생각하지 않지만, 기독교 믿음을 고백하지 않은 사람들은 그렇게 생각한다. 기독교가 다른 믿음을 따르는 사람들의 눈에 깊이 있는 종교로 표현되는 유일한 방법이 있다. 즉 '많은 사람을 위하여 주는' 삶의 스타일이다. 그러한 자기 부인-그리스도 같은 자기 부인-은 매우 종교적이며 매우 역사적이다. 이런 점에서 역사와 종교는 다른 믿음과 세상의 사람들의 눈에 교차하는 부분이 있다.

우리는 불교 쉐마에 대해 연구했다. 사성제(四聖諦)의 세 번째 진리는 이것이다: '승려여, 무엇이 번뇌 소멸의 정도인가? 그것은 열망을 완전히 지우고 소멸하는 것이다. 그것의 떠남과 포기, 그것으로부터 해방과 분리이다.' 기독교 신학자들은 이것은 '역사를 넘어서는' 리고 '역사로부터 분리되는' 초대라고 성급히 말한다. 그들이 주장하기를 기독교는 '역사 안으로' 가면서 '역사에 부속된' 존재로 대표된다고 한다. '태초에 말씀이 있었다' 는 믿음과 '태초에 고요가 있었다' 라는 믿음 간의 대조라면 그것은 사실이다. 이 연결에 관한 나의 즉각적인 관심은 종종 기독교인들이 불교도들이 '역사를 넘어' 와 '역사로부터 분리' 에 대한 가치를 성취하기 위하여 표현한 역사적 가치를 보지 못한다는 것이다.

불교도 영성의 실천의 '역사적 진실성' 은 종종 '역사 안으로' 와 '역사로부터 호응' 의 가치를 성취하기 위한 기독교의 영적 활동의 '역사적 진실성' 은 매우 감동적이다. 태국, 미얀마, 스리랑카에서 만약 불교도들이 한 것처럼 기독교인들이 '역사적 노력' -자기 부인-을 했었다면, 기독교는 확실히 '역사적' 믿음으로써 그 자체를 보여줄 수 있을 것이다. '종교적 노력에 대한 역사적 진실성'은 하나님의 공명정대한 사역의 심판과 희망의 비평적인 점 중의 하나이다. 이신칭의 교리는 공명정대한 하나님의 가르침이 너무 '현명하고' 매우 '강하게' 분리되었다! 십자가 정신은 그러한 승리주의, 역사에 대해 무책임하고 근원이 없는 것으로 편하게 느끼지 않는다.

공명정대한 하나님을 무시하는 기독교는 자연적으로 기독교인 관점 안에서 우리의 역사를 보지 못하는 것이다. 그것은 자기 결정적인 관점 안에서 역사—특별히 다른 종교의 역사—를 보는 것이다. 그것은 자기 부인의 관점에서 역사를 보는 것이 아니다. 나는 지난 4백 년 동안 아시아의 기독교는 진실로 사람들을 경청했다고 생각하지 않는다. 기독교는 사람들을 무시했다. 그것은 사람들의 깊은 영감과 고뇌를 무시해 왔다. 그것은 사람들의 도덕적 투쟁과 감각들을 무시하고 정죄해왔다. 요약하면, '네가 어디 있느냐?'고 묻는 하나님을 무시했다. 8천 마일 떨어진 주교, 신학자, 재정적인 후원자들을 경청했다.

반대로 예수는 사마리아 여인으로부터 '나에게 물을 주라'(요4:7) 하며 도움을 구했다. '너의 이름이 무엇이냐?'며 예수는 귀신들린 자에게 물었다(막5:9). '삭개오야 급히 내려오라'('포괄적인' 관점을 가질 수 있는 높은 위치로부터. 높은 거기서 어떻게 상황을 조종하는지 너는 안다고 생각한다. 그러나 사실 나는 아래에서 네가 이해 못 하는 방식으로 여기에 있다. 지금 내가 네가 필요하다고 말할 때 굳게 가지를 잡아라) 내가 오늘 네 집에 머물러야겠다'(나에게 숙소를 제공하라! 나에게 호의를 보이라! 너의 지붕 아래서 내가 보호를 받게 하라!)

교사-콤플렉스는 일방통행 심리학에 따라 동력을 얻는 경향이 있다.

이 일방적인 방식은 부활하신 주님의 명령을 사용하여 정당화되었다: '그러므로 너희는 가서 모든 민족을 제자로 삼아 아버지와 아들과 성령의 이름으로 세례를 베풀고 내가 너희에게 분부한 모든 것을 가르쳐 지키게 하라 볼지어다 내가 세상 끝날까지 너희와 항상 함께 있으리라 하시니라'(마28:19,20) 그러나 나는 '일방통행'의 승인으로서 이 말씀을 이해하지 않았다.

나는 '그리스도처럼-가는' 것을 통해서만(제발 그것인 단순히 '가라'가 아닌 '가라 그러므로…'라는 것을 표시하길 바란다. 말하자면, 예수 그리스도의 삶과 목회에 기초한 '가라'는 그의 사랑, 그의 자기 부인, 그의 희망, 그의 죽음, 그의 부활…) 우리는 '모든 나라의 제자를 만들라'는 것이라고 믿는다. 그리스도처럼 가는 것은 '어렵게 가는 것'이다. 그것은 고통스럽게 가는 것이다. 그것은 사람이 십자가를 마주하면서 가는 것이다. 그것은 사람이 십자가를 어떻게 져야 할지를 알지 못하고 십자가를 져야만 하는 상황에서 가는 것이다. '그가 남은 구원하였으되 자기는 구원할 수 없도다'(마27:42) 세밀하게 이것은 그의 '가는' 방식이다! 그의 가는 것은 그 자신을 구원하지 않는 것이다.

그때 우리는 마28:19,20을 마27:41,42와 마16:24,25를 함께 읽어야 한다. 대명령은 '가라'와 '그러므로'를 분리하면 잘못 이해된다. 십자군 정신은 '가라 그러므로'에 의해서가 아니라 '가라'에만 집중할 때 신학적인 긍정적 역할을 발견할 수 있는데, 그것은 십자가 정신의 최초 모델인 그리스도의 정신에 반대하는 정신이 된다. '가라 그러므로'는 예수 그리스도가 접했던 방식 안에서 우리의 역사를 접할 것이다. '우리가 아직 죄인 되었을 때에 그리스도께서 우리를 위하여 죽으심으로 하나님께서 우리에 대한 자기의 사랑을 확증하셨느니라'(롬5:8)

이것은 하나님이 역사 속에 사랑과 '존경'을 보여주는 방식이다.

　나는 미국 선교학자의 최근 글을 인용해보고자 한다.

　1974년 휘튼 대학에서 열린 미국선교학회에 한 토론 참석자가 브라질 현재 선교 상황을 논의했다. 목하 어떤 선교학자는 만약 모든 3000명 외국 선교사들이 내일 브라질에서 사라진다면, 기독교 공동체는 거의 그들이 사라진 것을 눈치 못 챌 것이며, 교회들은 아마 같은 비율로 성장을 계속할 것이라는 말을 인용했다. 반은 농조로, 선교개발연구와 커뮤니케이션(MARC)의 에드워드 데이톤(Edward Dayton)은 패널 멤버로서 발표하고 다음과 같이 말했다. '나는 그 수치에 동의하지 않는다. 나 자신의 관찰은 그들 중 2800명만이 그렇게 사라진다면 그러리라 확신한다. 물론 데이톤은 청중들로부터 마음의 웃음을 끌어냈지만, 우리 대부분은 마음속 깊은 곳에서는 긴장된 웃음이었다는 것을 느꼈다. 브라질로 간 3000명 선교사 중의 2800명은 정말로 비생산적인가?[21]

　나는 이미 데이튼 씨의 의견에 동의하는데 준비되어있다. 아시아 선교사 경력은 거의 변함없이 부러워하는 것인데, 모든 종류의 안전장치로 편안하게 둘러싸여 있다. 선교사가 되는 것은 삶의 불안정으로부터 떨어져 평생 안전을 즐기는 것을 의미한다. 그러나 이 문제는 경제학이 아니라 신학적이다. 내 생각에 데이튼 씨의 이 불안정한 말은 얼마나 쉽게 그것이 '가는' 것이며 얼마나 '가라 그러므로'가 어려운 것인가를 보여준다. 성경의 살아있는 전통 안에서 '가라 그러므로'하는 사람들만이 '생산적인 선교사들'이라 불릴 수 있다.

　1974년 11월 발행된 리슨너(Listener), 가장 인기 있는 뉴질랜드 잡지는 뉴헤브리디스 주민인 알버트 레오마라(Albert Leomala)의 시를 실었다.

> 십자가는 멀어진다. 나에게서 멀어진다.
> 나는 너를 미워한다. 너의 생각을 취하라
> 그리고 너의 문명
> 그리고 돌아가라
> 네가 속한 그곳에

뉴헤브리디스 주민은 여기서 태평양뿐 아니라 동양에 있는 수백만을 위하여 말한다. 그들에 대하여 영향력 있는 서구 문명화는 많은 소중한 인간의 가치들을 파괴해왔다. 과정에 대한 관찰은 긴급하고 조심스러운 조사를 하는 것이 필요하다. 그러나 내가 여러분의 관심을 구하며 바라는 점은 폭발적인 분노에 대해서 이 시의 첫 번째 단어에 대한 것이다– 십자가! 레오마라씨는 공장 굴뚝 오염, 콘크리트 건물과 도로, 빠른 인간관계성과 막강한 자금력으로 상징되는 서구 문명화를 비난하지 않는다. 그는 십자가에서 증오하는 서구 문명화의 상징을 본다!

나는 예수 그리스도의 십자가는 적을 갖지 않을 수 없다고 생각했다. 나는 자기 부인의 상징, '부어지는' 삶에 대한 증오의 대상을 취하는 것이 불가능하다고 생각했다. 어떻게 누구든지 그의 바른 사고 안에서 그 자신을 비우는 자를 미워할 수 있는가(빌2:4-8)? 예수 그리스도는 십자가에 못 박힌 주님 대신에 십자가에 못 박히는 주님으로서 대표되는가? 만약 그가 다른 사람을 십자가에 못 박는다면, 증오자는 십자가가 이해에 반대의 것이 표현되는 것이다.

진리 안에서 기독교인들은 십자가에 못 박힌 그리스도를 설교하였다. 그러나 아시아인과 태평양에 있는 사람들은 자신들을 위협하고 십자가에 못 박는 예수 그리스도를 경험해왔는가? 못 박힌 그리스도가 못 박는 그리스도로 보이는 것은 오늘날 아시아에 가장 심각한 선교적 문제를 보여주는 것이다. 이것이 진실로 교회 생활에 치명적인 문제가 아닌가? 만약 이러한 관찰이 부분적인 진실이라도 있다면, 나는 실패가 기독교 믿음의 주변에 위치에 있지 않고, 분명하게 우리 안에 있다고 말할 수 있을 것이다.

우리는 십자가에 못 박힌 그리스도가 우리 모두에게 다른 역사적이고 문화적인 상황 안에서 의미하는 것을 보는 것이 '역사적'으로 충분하지 않다. 비록 우리는 레오말라씨가 오늘날 기독교 선교 안에 중심문제를 지적하는 것에 감사해야만 할지라도, '네가 속한 곳으로 가라'는 것으로 문제를 해결하지 않는다. 그리스도를 못 박는 것으로 못 박힌 그리스도를 대체하는 어떤 가능한 태도는 역사에 대한 기독교 이해의 기본에 정반대이다. 기독교는 역사에 '존경'을 보여주지 않아서 역사의 눈 안에서 피상적으로 역사적이게 된다.

기독교는 예수 그리스도와 같지 않다. 그러나 예수 그리스도는 기독교의 중심성에 대표된다. 회개의 순간에 우리는 그가 우리 가운데 서 있는 것을 본다. '보라, 내가 세상 끝날까지 너와 함께 하리라' 이 약속은 우리의 회개를 위한 부름이다. 이 약속 안에서 기독교는 미래를 가지고 있다. 미래는 회개하는 사람들에게 속해있다. 회개의 내용은 '가라 그러므로…'이다 이것은 십자가 정신의 순간이다. 우리가 회개할 때, 우리는 이웃들, 그들의 영성, 그들의 좌절, 그리스도가 말하는 영감을 보기 시작한다. 회개 안에서 우리는 매우 역사적이게 된다. 회개로부터의 거리는 역사로부터의 거리이다. 회개 안에서 우리는 '그리스도가 십자가에 못 박히고 있는' 이 아닌 십자가에 못 박힌 예수 그리스도를 본다. '때가 찼고 하나님의 나라가 가까이 왔으니 회개하고 복음을 믿으라 하시더라' (막1:15)

10. 부활 정신

십자가 정신은 성금요일(부활)정신과 부활(성금요일) 정신이다.
인간의 능력과 욕망의 관계
부활 정신은 '십자군 정신에 기반을 둔 십자가 정신'의 가능성을 믿는다.
예수 그리스도는 십자가(손잡이 없는 십자가)를 짊어진다!

부활 정신은 어색한 표현이다. 그 자체로 반지성적이다. 십자가 정신은 부활하신 주를 바라보는 것이다.

십자가에 못 박힌 주는 부활하신 주이시다. 이것은 사도적 설교의 기본이 된다.

> 내가 받은 것을 먼저 너희에게 전하였노니 이는 성경대로 그리스도께서 우리 죄를 위하여 죽으시고 장사 지낸 바 되셨다가 성경대로 사흘 만에 다시 살아나사 게바에게 보이시고 후에 열두 제자에게와 (고전15:3-5)
> …너희와 모든 이스라엘 백성들은 알라 너희가 십자가에 못 박고 하나님이 죽은 자 가운데서 살리신 나사렛 예수 그리스도의 이름으로 이 사람이 건강하게 되어 너희 앞에 섰느니라(행4:10).

엠마오라 불리는 마을로 가는 도중에 부활하신 예수님께서 두 제자 가까이 다가갔다. 그들은 그에게 매우 간략하게 "요즘 거기서 된 일"

(눅24:18)을 말했다.

> 이르시되 무슨 일이냐 이르되 나사렛 예수의 일이니 그는 하나님과
> 모든 백성 앞에서 말과 일에 능하신 선지자이거늘 우리 대제사장들
> 과 관리들이 사형 판결에 넘겨주어 십자가에 못 박았느니라 우리는
> 이 사람이 이스라엘을 속량할 자라고 바랐노라 이뿐 아니라 이 일이
> 일어난 지가 사흘째요 또한 우리 중에 어떤 여자들이 우리로 놀라게
> 하였으니 이는 그들이 새벽에 무덤에 갔다가 그의 시체는 보지 못하
> 고 와서 그가 살아나셨다 하는 천사들의 나타남을 보았다 함이라 또
> 우리와 함께 한 자 중에 두어 사람이 무덤에 가 과연 여자들이 말한
> 바와 같음을 보았으나 예수는 보지 못하였느니라 하거늘(눅24:19-
> 24).

여기에 절망 중 소망을 갈구하는 영적 갈망과 고통이 담겨있다. 부
활의 '그 날'(눅24:13)에 부활하신 주님에 대한 확실한 믿음 없이 보내
는 중이었다. 예수는 십자가에 못 박혔다. 그들은 알았다. 그러나 여기
는 '채워진 무덤'이 아닌 텅 빈 무덤이었다. 지금 여인들은 '그는 살아
있다'라고 말했다. 맞다. 그들은 엠마오로 가는 길이었다. 왜? 그들이
실망의 깊은 늪에 있을 때 무엇을 하는 것인가? 그들은 여인들이 그들
에게 말한 것보다 무엇인가를 더 가질 것인가? 낯선 사람이 이야기의
주제를 바꿨다.

그는 그들에게 '그리스도가 이런 고난을 받고 자기의 영광에 들어
가야 할 것이 아니냐'(눅24:26)고 하셨다. 저녁에 세 명은 마을에서 테
이블에 앉았다. '그들과 함께 음식 잡수실 때에 떡을 가지사 축사하시
고 떼어 그들에게 주시니 그들의 눈이 밝아져 그인 줄 알아보더니 예수

는 그들에게 보이지 아니하시는지라'(눅24:30-31) 이러한 몸짓은 '그가 배신당하던 날 밤'(고전11:23, 눅22:14-23)에 했던 같은 모습이 아닌가? 마지막 만찬, 체포, 능욕, 십자가에 못 박힘의 의미는 지금 부활하신 주님이 엠마오에서 다시 떡을 떼실 때 하나의 구원 이야기가 되었다. '그들이 서로 말하되 길에서 우리에게 말씀하시고 우리에게 성경을 풀어 주실 때에 우리 속에서 마음이 뜨겁지 아니하더냐 하고'(눅24:32)

예수님께서 두 번째 '떡을 가지사 축사하시고 떼어' 줄 때까지, 그를 따르던 자들은 실망과 혼동의 위기 가운데 있었다. 종이가 불을 품을 수 없는 것처럼 인간의 연표가 부활의 사건을 품을 수 없다. 신약은 예수님께서 어떻게 부활하셨는지에 대하여 묘사하지 않는다. 예수 그리스도의 부활은 시대의 새로운 경험임이 틀림없다!

십자가에 못 박힌 주님의 시간이 다가왔다. '때가 제 육시 쯤 되어 해가 빛을 잃고 온 땅에 어둠이 임하여 제 구시까지 계속하며 성소의 휘장이 한가운데가 찢어지더라 예수께서 큰 소리로 불러 이르시되 아버지 내 영혼을 아버지 손에 부탁하나이다 하고 이 말씀을 하신 후에 숨지시니라'(눅23:44-46) 그는 본디오 빌라도 치하에 고통당했다. '사흘 후에' 그는 죽음에서 부활했다. 이것은 하나님께서 하신 약속의 궁극적인 신비의 그 날이었다. 시간은 멈추어야 하는데, 이 굉장한 불가사의한 사건에 어떻게 해야 할지를 알지 못하기 때문이다. 시간이 정지되었을 때, 전 창조는 정지되었다. 그것은 전체 창조물이 앞으로 시간의 새로운 차원으로 존재하기 위하여 위기를 가져오는 것을 말하는 것이다.

부활하신 주님은 새로운 시간, 새로운 질서, 새로운 언약, 새로운 인간성이 도래하는 것을 의미한다. 부활 정신은 시간의 특별한 붕괴를 경험하는 정신이다. 그것은 역사 안에서 시간의 새로운 질적 존재로 사로 잡힌 정신이다. 그것은 예수 그리스도가 십자가에 못 박히고 부활하신 빛 안에서 시간을 보는 아주 특별한 정신이다. 그것은 믿음의 정신이다. 그것은 믿음으로 분별하여 행하고 보이지 않는 것을 보고 불가능을 믿는 것이다.

부활 정신은 십자가에 못 박히기 전에 한 번, 부활하신 후에 한 번, 즉 그가 두 번 '떡을 떼서 축사하시고…' 처럼 우리가 그를 보는 것과 같이 우리에게 다가오는 선물이다. 이들 두 식탁은 관련되어 있다. 어떻게 그것들은 그들 사이에 시간이 파괴되었음에도 관련될 수 있는가? 예수 그리스도는 십자가에 못 박히고 부활하였! 똑같은 예수 그리스도! 그는 우리를 위해 두 번 식탁에 앉았다. 그 안에서 중요한 결합이 발견된다. '…성금요일 없이 부활절이 없다. 마찬가지로 부활 없이 성금요일이 없다!' [22] 부활 정신은 십자가 정신이고, 십자가 정신은 부활정신이다. 그리고 부활 정신은 우리를 위해 식탁에서 두 번 나누신 같은 주님에 의해 사로잡힌 십자가 정신이다. 그것은 성 금요일(부활)정신이다. 그것은 부활(성금요일)정신이다. 그것은 신학적 과정의 신비 안에 살아 있다.

> 이 썩을 것이 썩지 아니함을 입고 이 죽을 것이 죽지 아니함을 입을 때에는 사망을 삼키고 이기리라고 기록된 말씀이 이루어지리라 사망아 너의 승리가 어디 있느냐 사망아 네가 쏘는 것이 어디 있느냐 사망이 쏘는 것은 죄요 죄의 권능은 율법이라 우리 주 예수 그리스도로 말미암아 우리에게 승리를 주시는 하나님께 감사하노니 그러므로 내 사랑하는 형제들아 견실하며 흔들리지 말고 항상 주의 일에 더욱 힘쓰는 자들이 되라 이는 너희 수고가 주 안에서 헛되지 않은

줄 앎이라(고전15:54-58).

부활 정신은 궁극적인 승리의 약속 안에 살아있다. 그러므로 (첨가하면 '가라 그러므로…'의 경우에) 사도가 '주의 사역 안에서 항상 풍성하게' 하는 것으로 명령한다. 부활 정신은 정적주의자 정신이 아니다. 그것은 행동주의자 정신이 아니다. 그것은 '항상 주의 사역 안에서 풍성하다.' 왜냐하면, 그것은 주님의 두 식탁에서 얻어진 경험으로 인도되기 때문이다. 그것은 주님이 십자가에 못 박히고 부활한 방식 안에서 '확고한, 변화 없는' 것이다. 예수 그리스도가 십자가에 못 박히고 부활한 것으로부터 자원을 얻는 풍성한 정신이다.

그 풍성함은 기본적으로 십자가에 못 박히고 부활한 풍성함이다. 그것은 믿음, 소망, 사랑의 풍성함이다. 그것은 자가 발생의 풍성함이 아니다. 그것은 다른 살아있는 믿음의 사람을 만나는 것을 두려워하지 않는다. 그것은 그들과 더불어 '확고한, 변화 없는' 것이고, 식탁에서 두 번 훈련되었기에 어떻게 모든 신실함으로 그들과 더불어 식탁 교제를 하는지 알고 있다. 그것은 십자가에 못 박힌 주-십자가에 못 박힌 진리-의 진실을 기억하고 얼마나 이 진리가 자기 부인에 의해 소통이 되어야 했느냐이다. 그것은 역사를 존중한다. 그것은 역사를 '조종하는' 것을 거절했다.

나는 마틴 루터 킹(Martin Luther King)이 1968년 4월 3일(그가 암살되기 전날) 테네시주 멤피스 마손 교회에서 부활 정신, 성금요일(부활)정신, 부활(성금요일)정신을 반영하는 표현을 멤피스에서 청소원 조직을 위한 집회에서 한 연설에서 발견한다.

레위인에게 물었던 첫 번째 질문은 '만약 내가 이 사람을 돕는 것을 멈춘다면, 나에게 무슨 일이 일어날까?' 그러나 그때 선한 사마리아인이 지나갔다. 그리고는 그 질문을 되물었다 '만약 내가 이 사람을 돕는 것을 멈춘다면, 그에게 무슨 일이 일어날까?' 그것은 여러분이 오늘 밤 전에…질문이다. 우리가 더 나은 준비를 하고 일어납시다. 우리가 더욱더 나은 결심을 하고 섭시다. 그리고 우리가 미국이 무엇이 돼야 하는가로 만들기 위한 도전을 가지고 활력 있는 날에 움직입시다. 우리는 미국을 더 나은 나라로 만들 기회를 얻고 있다. 그리고 나는 하나님께 내가 여러분과 여기에 함께한 것에 대하여 한 번 더 찬양하길 원한다…. 자, 나는 지금 무슨 일이 일어날지 모른다.

우리는 이미 좀 어려운 날들을 겪었지만, 그것이 진정으로 나와 상관이 없는 이유는 나는 산꼭대기에 올라가 봤기 때문이다. 그리고 나는 개의치 않는다. 여느 사람처럼 나도 오랜 삶을 살고 싶다. 수명은 그것의 위치가 있다. 그러나 지금 나는 그것에 관해 관심을 두지 않는다. 나는 단지 하나님의 뜻을 원한다. 그리고 그가 나에게 산으로 올라가기를 허락하였다. 그리고 나는 전체를 보고 그리고 약속의 땅을 보았다. 나는 여러분과 거기에 갈 수 없지만 나는 여러분이 우리가 약속의 땅에 가게 되리라는 것을 알기 원한다. 그래서 나는 오늘 행복하다. 나는 어떤 것에 대해서도 걱정하지 않는다. 나는 어떤 사람도 두려워하지 않는다. 나의 눈은 주가 오실 영광을 보고 있다.[23)]

그의 정신 안에서 예수 그리스도는 질문을 뒤집는 선한 사마리아인이다. 진실로 만약 그렇지 않다면 얼마나 우리가 기독교인 사회 활동에서 구원을 이룰 수 있는가? '오늘 밤 일어나자…' 하는 것은 죽은 자 가운데 살리신 부활하신 주를 똑바로 보는 것이다. 동원하기 위한 그의 부름은 새로운 인간성에 대한 하나님의 소명 안에 깊게 뿌리박혀 있다. 그래서 새로운 멤피스의 비전은 약속된 땅의 그의 비전과 더불어 온다. 멤피스와 약속된 땅은 '두 식탁'의 경험의 빛 안에서 말해진다. 모든 강한 저항을 무릅쓰고 그는 선언하기를 '나는 어떤 사람도 두려워하지 않는다. 나의 눈은 주님이 오실 영광을 본다'라고 하였다. 부활 정신은 약속된 땅의 일견이다. 이 일견 때문에 그는 영향력 있고, 풍성하며, 영감 있고, 열기 넘친다. 그러나 이러한 물리적 영적 힘은 그의 내적 자기 부인의 표현이다. '수명은 사람마다 때가 있다. 그러나 나는 지금 그것에 관해 관심을 두지 않는다. 나는 단지 하나님의 뜻을 이루기를 원한다.' 새 멤피스(인간 존엄과 사회 정의의 공동체)의 비전 안에서 그리고 그의 기쁨에 넘치고 소망 있는 자기 부인(나는 단지 하나님의 뜻을 원한다)의 체계에 그는 인간들을 섬겼고, 십자가에 못 박히고 부활한 예수 그리스도를 따랐고 그의 하나님을 경배했다.

텔리하드 데 가르딘(Teilhard de Chardin)의 표현을 사용한 '인간의 의미'는 마틴 루터 킹이 그 자체를 감동 있게 표현했다.

인간 정신의 본질은 인간들이 서로 함께하고 영감을 가져오는 것이며 미래의 기대 안에서 확실성, 말하자면, 엄격하게 표현되지 않지만, 실재 누군가의 존재가 되는 것이며, 그런데도 표현과 감동이 충분하기보다는 확신을 더 받아들이는 것이다. 인간 정신은 믿음이다.

다시, 그것의 본성은 활동 전체에 종속되는데, 활동으로 인하여 그것은 놀라운 일의 징조가 나타나는 준비와 봉사에 기본적인 지시적 힘을 제공한다. 지금 이 우주에 진전되는 일, 즉 우리가 공동으로 하는 신비로운 마지막 이슈는 모든 것을 위해 선행해야만 하는 '큰 단위'이다. 그리고 희생되어야만 하는 모든 것이 성공이 우리의 것이 되는 것이라면 말이다. 인간 정신은 재결합에 대한 호출이다.

믿음과 단념-그리고 만약 두 가지가 모든 예배에 필수적으로 여겨지지 않는다면 그것들은 무엇인가?[24]

나는 마틴 루터 킹의 믿음과 단념을 보며, 병적이거나 교만하지 않은 기쁨과 건강함을 본다-20세기의 예수회 관찰자에 따르면 그것은 광범한 우주적 의미가 있다. 정신의 폭넓은 아름다움은 식탁에서 두 번 훈련되었다! 믿음과 단념은 성금요일(부활)정신과 부활(성금요일)정신의 비밀이다.

무엇이 '고단백 점심 도시락' 에 대한 주님의 말씀을 식탁에서 두 번 행했던 정신이 될 것인가? 무엇이 풍부한 점심 도시락에 대해 말한 부활의 주님(가장 풍부한 주님)을 기억하는 십자가 정신이라는 부활 정신인가? 인간의 자원 풍성함이 십자가에 못 박힌 주님의 소망과 심판 하에 놓일 때, 나는 인간의 영성이 새롭게 되는 가능성을 지적해왔다. 우리가 이 책의 끝부분에 가까이 옴에 따라 나에게 이 문제에 대한 깊은 논의를 간략히 정리하고자 한다.

'…여호와여 이제 내가 주께서 내게 주신 토지 소산의 맏물을 가져왔나이다 하고 너는 그것을 네 하나님 여호와 앞에 두고 네 하나님 여호와 앞에 경배할 것이며' 의 방식은 믿음에 대한 첫 번째 제의적인 표현이 포함된다(신26:5-10). 20세기 표현의 '토지 소산' 은 고대 이스라엘의 시기보다 더욱 다양화되고, 풍부해졌고, 복잡해졌다. 문명화(계몽된 방식을 가지고 '토지 소산' 의 증가와 사용에 적용되었다)는 언어, 도구, 불이라는 세 가지 기본요소로 표현된다. 우리는 오늘날 언어와 인쇄된 단어가 풍부한 세상에 살고 있는데 우리는 가장 강력한 발전된 도구들을 사용하고, 핵에너지, 불의 궁극적인 형태의 소유를 하고 있다. 우리는 문명의 온전한 본질로서 대표되는 '토지 소산'에 대해 생각할 수 있다.

선지자 호세아는 더욱 논쟁적인 상황에서 '토지 소산'에 대해 말한다. '곡식과 새 포도주와 기름은 내가 그에게 준 것이요 그들이 바알을 위하여 쓴 은과 금도 내가 그에게 더하여 준 것이거늘 그가 알지 못하도다'(호2:8) 토지의 열매가 생산력의 의인화된 '바알을 위하여 사용'될 때, 이 행성의 사람의 생명이 위험하게 될 것인가? 왜 인간이 '토지의 소산물'을 준 것이 '바로 나'라는 것을 아는 것에 비판적으로 요구하는가? 이 방식 또는 다른 방식에 어떤 차이가 있는가? 하나님은 질투하시는가? 그는 단순히 인정을 요구하는가?

바알은 인간과 우주적 생산성(증가하는 잠재성) 모두를 대표한다. 그것이 '증가하거나' 또는 '감소하지' 않는 것으로 관련된 이래, 그것은 희망적이고, 긍정적이고, 에너지 있고, 생산적이다. 그것은 생생함의 표현이다. 그것은 힘든 일의 원리를 포함한다. 그것은 예리한 계산의 정신이다. 바알 안에서 발전의 원리이다. 그때 왜 호세아와 다른 선지자들이 그렇게 언약 백성을 위한 바알의 위험성에 관심을 가지는가? 하나님 자신은 '열매를 맺고 번성하라'(창1:28)에서 말하지 않았는가? 우리는 20세기에 희망적이고, 에너지 있고, 생산적이며 증가하는 정신이 아닌가?

바알의 원리가 단순히 번식의 원리로 의미하는 한 인간의 공동체에 해롭지 않다. 그러나 바알은 이러한 방식으로 머물지 않는다. 바알은 욕망을 사용하여 욕망의 힘을 증가시키게 된다! 그것은 국민 생산 복지 동기 대신에 국민 생산 동기가 된다! 히틀러의 국가사회주의는 '토지의 소산'을 사탄의 목적으로 사용하였다. 남아프리카 공화국은 인종차별 정책에 욕망을 품고 풍성하게(모든 가장 작은 것까지도) 유지하고자 한다. 일본은 히로시마 나가사키 이후 '신평화헌법'을 무시하며 빠르게 실질적으로 자신을 재무장—욕망의 증가—해왔다. (1946, 정의와 질서에 기반을 둔 국제적인 평화에 신실하게 영감을 받아서, 일본 사람들은 국가와 위협의 주권으로서의 전쟁을 포기하거나 국가적 분쟁을 완화하기 위한 수난으로서의 힘의 사용, 9조)

우리의 비극적인 인간 상황을 위한 이유는 기원전 8세기의 선지자에 의해 예리하게 지적되었는데, 우리에게 강력하게 필연적으로 직접 말한다. 1974년에 열렸던 중요한 에큐메니컬 논의 중의 하나는 다음과 같이 말한다.

당시 9억이 기아상태였고, 인간 공동체는 이 지상에 모든 생명을 멸망시킬 수 있는 경제적 군사적인 상황과 관련되어 있었다. 기독교인은 인류와 인간의 본성에 의해 인간의 무모한 약탈에 도전하는 새로운 증거와 새로운 행동이라고 불렀다. 지난 20년 동안 모든 인간 사회가 약탈적이며, GNP 중심적이며 세계적인 체계가 종종 하나님과 인간의 이름으로 추구되었다. 우리는 남성과 여성의 상호 간 관계의 변화 없이 인간의 자연에 대한 관계를 변화시키는 것에 소망을 가질 수 없다.

이들 변화는 존재하는 사회질서의 변화를 요구하는데 비록 방법과 세부사항은 그 역사와 다른 사회의 상황에 따라 다르게 될 것이다. 사회의 모든 유형 가운데 부자와 가난, 고대와 현대, 큰 것과 작은 것 안에서 인간은 새로운 삶의 방식을 찾기 요구한다.—유형들은 지구 자원의 고발에 관련된 경제적 성장의 상승, 땅의 파괴, 바다와 공기에 의존되지 않는다. 거대한 비인간화 기계를 피하는 삶의 방식

-관료적이며 산업적인 구조와 같이 분열된 공동체들은 하나님으로
　부터, 그들 자신으로부터, 서로 간에 인간을 소외시킨다.25)

이 상황은 향상된 능력에 의한 것이 아니고 증가된 욕망에 의한 것이다. 바알은 '곡식…'을 잡는다. 바알은 '기름…'을 잡는다. 인간의 '토지 소산'을 잡을 때, 그는 커지는 욕망에 사로잡힌다. 그는 바알을 위한 땅의 소산을 사용하는데 헌신하게 된다! 바알이 사람에게 '곡식, 포도주, 기름, 금은'을 주었다고 말하는 것은 금송아지가 '너의 신들이, 오 이스라엘, 너를 애굽으로부터 인도하여 내었다'고 말하는 것이다. 언약의 하나님 은혜에 대한 자발적 부인은 말하자면 하나님과 인간, 인간과 인간과의 성실한 언약 관계성의 원리에 의도적인 파괴의 시점에서, 능력은 욕망으로 변한다. 언약 관계가 파괴될 때, 우리는 상황을 부여잡은 악을 피할 수 없게 된 우리 자신을 발견한다. 부여잡은 상황은 우상인 상황이다. 부여잡게 되는 것은 우상이다.

　세리 삭개오는 말한다. '삭개오가 서서 주께 여짜오되 주여 보시옵소서 내 소유의 절반을 가난한 자들에게 주겠사오며 만일 누구의 것을 속여 빼앗은 일이 있으면 네 갑절이나 갚겠나이다'(눅19:8)-이러한 말은 우리는 다양한 국제적 거대 회사의 이사회 사장에게서 듣기를 간절히 요구한다!-그는 언약 관계성의 삶에 우상으로부터 자유롭다. '예수께서 이르시되 오늘 구원이 이 집에 이르렀으니 이 사람도 아브라함의 자손임이로다'(눅19:9) 상황을 잡으면 능력은 욕망으로 바뀐다. 즉 능력을 잡는 것은 욕망이라 불린다. 오늘날의 글로벌 언어로 욕망은 9억의 기아상태의 사람들 앞에서 개인적 풍부한 삶을 즐기는 병든 능력이다.

그것은 중요하다. 즉, '…그것은 내가 그녀에게 곡식을 주었다는 것이다…'는 아는 것이 결정적으로 중요하다. '나'는 우리에게 잡히지 않은 방식으로 왔고, 우리의 '증가하는 욕망'(능력을 잡는 것)을 심판하므로 우리의 삶을 새롭게 한다. 하나님은 질문한다. '네가 어디 있느냐?' 그는 온전한 인간성으로 계속되는 살아있는 관계성을 구한다. 그는 우리에게 조종하는 정신을 가지고 오지 않았다. 그는 역사를 지배한다. 그는 역사를 재정립한다. 그는 역사를 부흥케 한다. 마침내 그는 자기 아들 예수 그리스도 안에서 역사에 대해 속죄하기 위하여 자신을 주었다. 예수 그리스도는 십자가에 못 박혔다. (완전한 자기희생, 자기 부인) 그의 손은 우리를 들을 향한 고통스럽게 펴지지도 않았고 오므리지도 않았다. 그의 십자가에 못 박힌 손은 우리 역사에 특출한 '예'를 선포한다. 여기서 '나'는 바로 '나는 주었다'라는 것이다.

우리는 인간적 자원인 '고단백'을 점심 도시락의 이미지로 특징지었다. 이 풍성함은 하나님으로부터의 선물로 이해되어야만 한다. 거의 항상 우리 인간 경험의 풍부함과 통제력은 함께 한다. 십자군 정신은 풍부함과 통제력으로 구성된다. 그것은 '조종하는' 역사에 관한 위험이 있다. 우리가 필요로 하는 것은 십자가 정신에 기초한 십자군 정신이다. 그곳은 펴지도 오므리지도 못하는 고통스러운 손을 가진 십자군 정신이다. 그러한 십자군 정신은 십자군 정신의 일반적인 개념이 아니다.

십자가에 못 박힌 십자군 정신! 십자가에 못 박힌 풍성한 정신! 여기서 풍부함과 조종 정신이 분리된다! 이 분열의 순간-능력과 욕망 간의 분리, 바알 정신과 여호와 정신의 분리-에 우리의 역사는 진정한 삶이 주는 에너지이다. 이 분열은 인간 자원의 풍부함이 발견되는 곳마다 일어난다. '십자군을 위하여'와 '십자군을 대항하여'의 두 상황, 죽음과 죽음이 임박한 두 상황에서 십자군 정신은 고통스럽게 오므리거나 펴지도 못하는 손을 가진 분의 폭발적이고 양립할 수 없는 에너지를 경험해야만 한다. 그러한 신학적 상황 안에서 '십자군' 또는 '십자군으로 행하려는'이란 단어는 이제는 사용되지 않는다. 그 단어는 자기 의와 교만, 비전의 비극적인 인간 한계의 기억으로 가득하다. 그러나 그것은 여기에 관련된 가장 중요한 이슈는 아니다. 우리 관심의 중심은 크건 작건 간에 예수 그리스도의 빛 안에서 십자가에 못 박히고 다시 사신 인간 자원의 풍성함을 주목하는 것이다.

사도적 설교는 십자가에 못 박힌 예수 그리스도가 승리자라고 선포한다! 부활한 그리스도는 그가 손잡이 없는 십자가를 지고 못 박히는 삶을 증명함으로 정점에 달하였다. 그는 우리를 위해 고통당하였다. 그는 우리를 조종하지 않았다. 주의 만찬에 두 번 참여한 정신은 자신을 부인하고 역사의 종말에 손잡이 없는 십자가를 지신 분의 '유효성'을 믿는 것에 영감 된다. '예수께서 제자들에게 이르시되 누구든지 나를 따라오려거든 자기를 부인하고 자기 십자가를 지고 나를 따를 것이니라' '내가 세상 끝날까지 너희와 항상 함께 있으리라 하시니라.' (마 28:20)

참고문헌

1) *Ecumenical Sharing of Personnel Report*, World Council of Churches, Geneva, July 1972.

2) Ogbu U. Kalu, *International Review of Mission*, April 1975, p.146.

3) P.J. Skinner, quoted in *The Interpreter's Bible*, Vol. I, Abingdon Press, Nashville and New York 1952, p.564.

4) Gerhard von Rad, *Old Testament Theology*, Vol. 1, SCM Press 1975 and Harper and Row, New York, p.163.

5) Joachim Wach, *Types of Religious Experience, Christian and Non-Christian*, University of Chicago Press, 1951, p.43.

6) Mahatma Gandhi, *An Autobiography, The Story of My Experiments with Truth*, Luzac 1950, pp.123f.

7) K.M. Panikkar, *Asia and Western Dominance*, Allen and Unwin 1959, pp.26f.

8) Article 9, *The Lausanne Covenant*, 1974.

9) Karl Barth, *Church Dogmatics* I, 2, T.&T. Clark 1956, pp.302f.

10) Gerhard von Rad, *Old Testament Theology*, Vol.1, p.230.

11) Bernard W. Anderson, *The Living World Of the Old Testament*, Longmans 1967(USA: *Understanding the Old Testament*, Prentice-Hall), p.315.

12) G. Quell, 'Agape', in *Theological Dictionary oF the New Testament* I, Eerdmans, Grand Rapids 1964, p.32.

13) Kenneth Cragg, *The Call oF The Minaret*, Oxford University Press 1956, p.42.

14) Frithjof Schuon, *Understanding Islam*, Allen And Unwin 1963, p.16.

15) *Bhagavadgita*, ch,xii, vv.13,16,translated by S. Radhakrishnan.

16) Buddhadasa Bhikku, *Buddha Dhamma for Students*, Sublime Life Mission, Bangkok 1966, p.51.

17) *Selected Works of Mao Tse-Tung*, Vol. IV. Foreign Languages Press, Peking 1969, p.16.

18) B.D. Napier, *Exodus*, Laymans Bible Commentaries, SCM Press and John Knox Press, Atlanta 1963, p.30.

19) Gerhard von Rad, *Old Testament Theology*, Vol. 2. SCM Press 1975 and Harper and Row, New York, pp.204,206.

20) R.E. Brown, *The Gospel according to John*, The Anchor Bible, Doubleday, New York 1966 and Geoffrey Chapman 1971, pp.393f.

21) C. Peter Wagner, *International Review of Mission*, April 1975, p.174.

22) Karl Barth, *Dogmatic in Outline*, SCM press 1949, p.114.

23) Dick Gregory, *No More Lies*, Harper and Row 1970, pp. 342f.345.

24) Pierre Teilhard de Chardin, *Towards the Future*, Collins and Harper and Row, New York 1975, p.23.

25) 'Report: Science And Technology for Human Development. The Ambiguous Future and the Christian Hope. 1974 World Conference in Bucharest', *Anticipation*, November 1974, p.17.

저자
고수케 고야마 (Kosuke Koyama, 1929-2009)

드류신학대학 B.D., 프린스턴신학교 Ph.D.
태국신학교 교수(1960-68)
동남아시아신학교협회 책임자 및 동남아시아신학대학원 학장
(1968-74)
뉴질랜드 오타고대학 교수(1974-76)
뉴욕 유니언신학교 교수(1983-96)
저서 Water Buffalo Theology, Three Mile an Hour God,
Mount Fuji and Mount Sinai 등

번역
이선이 박사

서울대학교 B.S., 장로회신학대학교 M.Div.
미국 Florida Center for Theological Studies D.Min,
장로회신학대학교 Th.M., Th.D.
현 호남신학대학교 선교학 교수

누구든지 나를 따라오려거든 자기를 부인하고

자기 십자가를 지고 따를 것이니라(마16:24)

[표지 그림] 오동섭 작품 '빛의정원'